贏在創意

找回企業生存之道

邱慶雲　著

贏在創意—找回企業生存之道

目錄

本篇

自我訓練

延伸篇

前言

代自序

前言（代自序）

追求新奇是人類最寶貴的特質之一，這是人類或世界發展的原動力，也是企業成長的支杖力和個人保持活力（年輕化）的源泉。

歷史記載告訴我們，假如一個民族、國家、社會、企業團體滿足於現況，沉醉於太平時，接下來就是「退化」。個人生涯中假如已經沒有新鮮的東西時，人生就開始褪色，生活也會趨於單調。

我們當然不喜歡因退化而趨於消滅，那麼如何保持朝氣和活力呢？可開出的「處方箋」可能很多，不過我們先回憶一句名言：「永遠保持年輕（活力）的秘訣是學到如何保持童心……。」，也許可以給我們部份的答案。

日人竹村健一的《慾望造就人物》一書敍述：社會上應有更多的人願意向一片汪洋的大海航行探尋未知的世界，為人類造福。他也鼓勵企業人要有慾望來保持衝勁，才能在現代社會中生存。

這些追求新奇，保持衝勁，就是「創意人」的寫照。

創意曾被認為是少數的專利，但是二次世界大戰後，被証實人人都是創意人，只要你是「有心人」。

本書據於此種認識，希望有心人從學習創意的產生過程起步，逐步瞭解如何透過「創意的引線」，接近和發覺創意的來源，抓住構思，經過孕育階段，利用各種創意的產生模式，演練如何創造新的事物。最後設法將這些創意向大眾推銷，接受大眾的考驗。

這些程序是一般人想成為創意人時，容易忽略的過程，一般人談到創意時容易抱持一步登天的態度，而在失敗後就找出「創意是少數人的專利」的藉口。

希望讀者熟讀創意產生的過程，紮實產生創意的基礎，以期隨時隨地觀察環境，思考各種創意素材，在腦裡融合這些素材，孕育出新的事物。

只要你是「有心人」，熟練上述步驟（方法），相信人人都能成為創意人。

本書對創意人的自我訓練分為培養和運用二部分，對這兩部分以各種角度採取實例為主做介紹，跳脫理論化方式的敍述，以期讀者能以看小說的輕鬆心情學習如何產生創意。

雖然本書一再主張大家都是創意人，但是要走向「稱職」的創意人，仍須具備某些素質。這些素質除先天已具備者外，很多是在後天受個人的「態度」左右，因此將這些素質分類介紹供讀者參考。

現代人都重視「活得健康，活得有意義」，這些觀念表面上與創意無關聯，但是如前面所述，創意人就是有心人，而有心人在日常生活上要保持童心，找新鮮的事物，培養良好的嗜好。這些在在影響我們的心理健康，大家的生活意義。所以相信「參與」創意工作也是一種「長壽術」。

我們相信，創意有助個人贏得生涯的成就，使企業在競爭時代贏得永遠成長之道，更可以把我們的世界改為新的世界。

論述有關創意的書眾多，筆者膽敢出版本書充數是據於下列願望；

- 從另一角度剖析創意
- 詳細介紹創意產生的過程
- 使人人能運用這些過程成為創意人
- 讓大家在創意的競爭時代贏得成就和成長

希望如願達成！

邱慶雲

二〇〇六　喜壽日

於　新店大學詩鄉

導論

想像力比知識重要

——愛因斯坦

一、創意的競爭時代

1. 追求生存之道—創意

回顧人類文明的發展史，在人類懂得使用工具和獸力，並懂得耕種後，進入農業社會，而第一波的農業文明也開始轉動。其中關鍵性的創意是滿足人類的基本需求，例如火的掌握、輪子的發明、語言和文字的創造等。隨後人類在勇於不斷思考的人的努力下，以發明、發現、創造逐步瞭解生活的環境，然後利用環境、克服環境。這些知識的累積和發展將人類帶入第二波工業文明。二十世紀末資訊科技的突飛猛進，把人類帶進以知識創造財富的第三波資訊文明時代，而進入創意的競爭時代。

從歷史的演變看，我們經過十九世紀的工業化時代，二十世紀的管理時代，而二十一世紀可以說進入「能力主義」的時代。過去大眾反抗由少數人靠家庭背景或財富的「貴族主義」，建立了大眾主宰的「民主時代」。但是世界潮流又再度回到由少數人握有權力的「能力主義」時代，這是創意的競爭時代。

在這個時代，我們不得不承認「對腦力的投資比對物資的投資更有效率。」正如在歐洲暢銷一時的《美國的挑戰》乙書所強調，「比美金更可怕的是美國的經營管理力」，實際上這種經營管理力的背後隱藏的是大眾的創造力。

目前我們所見所聞都顯出創意的成果，走在街上，映到眼裡的東西如何呢？以玻璃圍飾的新式高樓，有華麗牆壁的教堂，以液晶電視吸引客人的展示櫥，穿著時尚衣裳的女士們。再將視線移遠一點，可以遙望眾多的近代住宅林立在都市。台北盆地在一〇一和新光三越高出天空的二大樓閃出的燈光，互相映輝下構出美麗的夜景。

今天，創意在氾濫，好像人人都有創意，人人希望有創意。創意的範圍是無止境的，例如IC，IT或DNA等革命性創意，花錢或賺錢的創意，使生活能偷懶而更便利的創意，甚至以反面思考用沈默戰術使人成功的創意，等等……。

我們為什麼把第三波文明時代稱為創意的競爭時代呢？因為社會的進步不再依恃赫赫有名的少數人的創意，是一般大眾也在參與創意的時代。

回顧二次世界大戰前，美國的大學還在研究「創造性思考法 The techniques of creative thinking」。當時一般不承認大家都有產生創意的能力，也就是一般認為創意是少數天才型人才的專利，對一般人而言，是遙不可及的工作。

但是二次世界大戰後，情況一變，創意的工作成為人人可從事的事業。為什麼創意成為時代的寵兒呢？其原因為文明的進步，迫得人人要發揮創意。

創意成為時代的寵兒的更重要的理由為，大眾覺悟我們也可以有"創意或點子"，過去大眾認為產生發明等新的創意其過程很神秘而屬於少數人的特點。但是這神秘的面紗，被實業家的「提案制度」等企業管理技術揭開，以收集一般「非專家」的提案（創意）作為改善企業的進步的參考。

二次世界大戰期間，除戰鬪的連續外，實際上創意成為成敗的關鍵。在戰後的半世紀，創意的必要性比戰時有增無減，尤其是近年資訊科技的競賽可以用「創意的競賽」來形容。企業或個人為適應社會狀況的激變，發揮創意成為唯一追求生存之道。

創意的競爭愈演愈烈的背景是新的科技上的發現或發明很難維持長時間的優勢。任何優秀的東西出現後相關的模仿性東西會出現，賴此獲利的可能性會減低，企業為了生存被迫必須追求新的創意。

例如，電腦出現的一九五〇年代，電腦的龐大設備僅為大企業才能擁有的珍品，而不到半世紀，電腦被改良成為人人可擁有一機的桌上筆記型電腦。

攜帶型電話（手機）也是走同樣的命運。曾是象徵企業高階層階級的行動電話，不到十年就發展成連小學生也掛在脖子的日用品。

2. 人人都是創意人

假如一個人，被迫想出創意而擠不出創意時怎麼辦？這時候請自問：「我為何追求創意？」

- 想賺一點錢？不錯，很多人想以創意獲利。
- 想發展事業？不錯，靠各種創意可以使事業成功。
- 想夢見成功的樂趣？當然為避免失敗，保持心神健全需要創意。
- 想使社會秩序更安定？不錯，世界上弱勢族群很多，需要很多創意來改善他們。

一般的人都對金錢很關心，所以大家想要賺錢、謀求更高的職位、更好的事業，或希望有光明的未來。這些都是不可否認的事實，既然創意是一切的原動力，以創意賺錢並非可恥的事情，以創意在企業中追求高職位或高報酬是正當的手段，更何況創意可以實現自己的夢想，為社會大眾的福祉提供貢獻。

近年大企業已重視創意，而設法羅致富於創造性的人才，尤其是在資訊文明的二十一世紀，那一企業擁有的創意多，該企業就是贏家。那一個國家擁有更豐富的新科技的創意產品，該國家在國際社會的影響力就比較強。

世界上遺留青名的偉大人物，和逃避於過去的一般人不同，是不斷地向前邁進的人。假如沒有瓦特、愛因斯坦等人才的存在，我們今天所享受的文明世界可能不存在。創意是帶動世界進步的原動力。

傳統的學校教育強調過去，而忽略展望將來，很多研究也止於研究過去而忽略利用它，因此成為推展創造性思考的一大阻礙。我們往往視將來為無法掌握的神秘物。但是創意產生的地方實際上在於未來。

如前述過去有一段很長的時間一般認為發揮創意的工作是很神秘的東西。大家認為創意並不是有意識的「做出」，而相信是「天來的啟示」般突然冒出。但是經過學術界培養學生的創造力，予以實踐後，這些學生逐漸變成富於創意的人才。這種嘗試發現，創意能經過一定的程序產生。

所以創造力應該任何人都擁有的能力，其差別在是否被發揮而已。假如一旦理解如何去利用它，創造力會越來越增強，猶如一般的行動，創造性的活動在某一程度上由於熟練而發達。當然這些熟練度因個人的天生的素質有若干的限制，但是至少在限制內應該能以學習來提高熟練度。這時候最起碼的要求是須設法刪除過程中的障礙，所以只要相信任何人都可以發揮自己的創造力，就是踏出成功的第一步。產生創造性的思考的過程，應該與工程學或醫學相同可以傳授給他人。因為社會上的事象，無論係有形或無形，都有其緣由，假如可以發現其原由時，很容易「再製」它或應用它。

創造係指向將來去思考事物，但是一般而言，了解前進性思考技巧的人不多。其原因為，教育或經驗通常在強調思考過去的事情。例如在教育過程我們不斷地提出過去的問題，但是對於如何適用於將來，則缺乏明確的理解。

我們強調記憶眾多事情，但是記憶的真正目的應該在如何帶來更好的將來，否則只會重踏過去的相同的事情，變成以過去來約束現實。

3. 創意利己利世

有益個人的機會，應該也有益世界，世界是在此種原則下在發展。不管是好的創意、壞的創意或平凡的創意，只要創意與他人有某種關係，世界就是被該創意推動。

突出的創意隱藏著改造世界的力量。因此有些國家由國家設立研究機關，促進重要的發明，迅速的付諸實施，以期對國家有些貢獻。

至於先進國家在大學設有研究單位已屬很普遍的現象，甚至以營利目的而設立的著名研究所也在發揮推動尖端科技的功能，大企業集團則為企業的生存，紛紛設立研究部門以期領先同業。

創意也能排除國家間或人民間的失和抗爭的原因，可惜後進國家很少承認創意具有如此重大的意義。例如二次世界大戰後很多歐美各國的殖民地紛紛獨立，原先統治這些地方的國家留下龐大的設備資產，但是有些地區的「新主人」未具有利用它的創意而使設備成為廢物。

世界上雖然面臨創意的競爭時代，但是先進國家只以廉價促銷自己的創意，未指導他國自己解決自己的問題的技巧（創意）。所以先進國家的這種做法等於阻礙他們的創意能力的成長。因此，國際社會仍分為先進國家和落後國家，或另稱已開發國家和開發中國家，其形成差異的原因雖然很多，但是前者在創意的發展和累積，遠超過後者應該是主要原因之一。

紐約時報（New York Times）的一篇報導也證實此點，該報導的大意為：

「在全球化時代，美國製造業仍欣欣向榮，其主要原因在於美國的製造業重視創意。這裡所稱的創意包括技術上和管理上的創意，尤其是管理上的創意的重要性凌駕技術上的創意。『附加價值』是測量製造業成績的尺度，是計算國內結合原料和勞力變為成品後創造的價值。根據世界銀行資料，自一九八二年世界貿易開始全球化以來，美國創造的『附加價值』，在全球的總價值中年平均占有率一直保持二十五％左右。據分析其主要原因為，美國一直保有很多中小型製造業。根據美國人口普查局報告，雇用二十至一千人的企業超過十萬家，而其產生的附加價值占美國國內的近八十％。

這些公司的特質為：①執行長與公司一起成長，而有相當程度的專業知識和技術，並與他們製造的產品建立非比尋常的感情。②技術人員不斷創新公司的產品，使得比較低價的外國公司不易模仿。③這些公司儘量避免裁員，但是要求員工透過各種創意提高效率，壓縮勞力成本在製造成本的二成以下，以對抗國外的競爭者。④零件的供應商儘量來自美國國內，除取得配合上的方便外，也保持品質的優異。」

生在現代社會必須求迅速的進步，我們一生的任務，並非超前別人的工作，而是改善自己的方法，做出更佳的成果，以期超越自己，亦即打破自我的紀錄。

創造性的想法，對個人、企業或國家而言可以產生很寶貴的利益，是一種財產。它可以改變個人，或企業，甚至可以改變世界。但是，我們要再度強調，這種創造性的想法並非難於得到的神秘東西。

進步係創意付諸實施的連續，也是一個一個創意累積起來的結果。進步的時代表示，這些變化在不同的場合出現的時代，進步的企業表示有眾多嶄新的創意出現而付諸實施的企業。

總之，時代也好，企業也好，個人也好，不鼓勵創意者都會走向退化之路。

我從未讓教育妨礙我的學習

——馬克吐溫

二、阻礙創意的因素

1. 概述

在談創意的本題前，讓我們先瞭解影響創意的因素，也就是妨礙創意的因素。這些因素大致可分為：社會因素、人格因素和技術因素。其中社會因素和人格因素涉及社會制度，社會環境以及心理學等專業討論，擬請讀者另參考相關書籍。

本章將範圍縮小，以影響創意的因素中之技術性的因素為主，並以筆者在日常生活中所見所聞的實例做介紹。

依據詹宏志先生所著《創意人》乙書，對於創意的絆腳石，在技術問題方面提出：血統主義、直線主義及逆變心理三點。

所謂血統主義是抱著傳統的定義，或過去的習慣不放，一切行為或思考依定義所定或習慣的方法，腦中不再思考定義或習慣以外的可能性。換言之，以定義為解釋事物的準繩，以習慣作為行為的依據，反對新元素的加入。這種態度既違背創意原則，也難期待其發生創造。

直線主義者認為很多事物在直線進行，與血統主義者不同，這些人不介意新元素的加入，但是他們認為新元素的加入係順著原有的直線走。這種態度容易迷失在直線的大趨勢中，忽略事物的演變在大趨勢下仍有多樣和多方的歧路，這歧路才是創意人要去發揮的事物。所以直線主義有害思考的觀念，而自陷於一個方向的思考。

逆變心理是一種抗拒不願承認改變的心理。抗拒變化的心理可分為：滿足目前的事物或多少有懷念既有的事物而失去改變的意願，另一種為害怕改變帶來的失敗而抗拒。這種心理不但影響個人的創意，如整個社會瀰漫逆變心理時，將嚴重影響該社會的進步。所以抗拒變化的心態會使創意生命老化停滯。

下面以故事舉例分述影響創意的因素。

2. 傳統定義的限制

經濟日報的副刊曾有一系列的「管理出招」，連續刊登「財務××觀」的文章，其內容從另一角度介紹會計名詞。例如認為會計制度的種類從「經濟觀」來看，分為：現金制、權責制和責任制。對各制度的註解為，現金制則一般俗稱的簿記，權責制為俗稱的會計，責任制就是成本會計。又，從「資本觀」來看企業所「投資」的項目依其性質分為：資本財、消費財和浪費。其註解為，投資能夠創造出個別利潤者則稱為資本財，如果未能直接創造出個別利潤者稱為消費財，兩者之間差別在於消費財應對資本財有所助益，如果沒有，消費財即是浪費。

在此姑且不去討論上述註解的合理性，從其論述的內容看，論者似在強調，囿於傳統觀念或傳統定義去應用專有名詞，有時不一定永久正確。會計本來就是解釋企業財務狀況的工具，並對企業活動中能以金錢衡量的資料予以歸類，分析然後做表達。如果企業所處環境的價值觀在變化，對傳統的專有名詞也許需要從另一角度去了解它，或給予新的解釋。

過去社會一直強調納稅是國民應盡的義務，但是稅負不斷增加後，在適法的範圍內如何設法減少納稅就成為企業管理的重要課題之一，因而有「節稅」、「避稅」等詞的出現。

過去在劇烈競爭下，工廠為「節省」成本而省略各種製程所帶來的環境污染，從另一角度看就是「社會」成本的增加。因為從社會整體看，政府清理污染必須付出代價，到了政府預算（也就是大眾所繳納的稅）無法負擔時，則需強制企業負責處理，所以原來的「節省」成本從另一角度看則企業逃避了「應負」成本。

總之，如站在新的觀念看，許多傳統上的名詞應重新認定，如教育不等於福利，土地不等於固定資產。所以創意最起碼的要求是跳出傳統定義的約束。

3. 囿於習慣性思考

人類在思考時，首先靠既有的資訊，因為我們的生活處於資訊時代已有一段時間，過去構成企業的主要因素被認為是人力、物力、財力等三種，最近又加上資訊，而後者的重要性似已凌駕原有三因素。在電腦與通信設備的進步和普遍化以後，資訊更成為日常生活不可或缺的條件。

但是近年來人類的生活愈來愈需要靠資訊，因此人類也「製造」更多、更豐富的資訊，甚至已成為資訊爆炸的時代，故不得不回頭來設法去蕪存菁，更重要的就是我們在思考時不得不檢討是否被某一習慣性資訊迷惑或太依賴某一習慣性資訊，而失去正確的方向。下面是被習慣性思考延誤事情之一例。

有一禮拜天，某長官應老友邀約到延吉路一家常去的小飯館聚餐。平時到該地應酬時均坐公家轎車靠司機「帶路」，故略知方向，但是未仔細認路。此次改搭計程車前往只告知司機延吉路××飯館，計程車司機當然無法知道「小」飯館的地點，只好從信義路口開始一直向仁愛路方向開，並一面走一面問有無看到所指定的飯館。該長官雖東張西望憑記憶注意仍無法發現。計程車司機到了仁愛路口時則說：「已到延吉路底了，有無看到目的地」，此時該長官認為既然已到延吉路底再也沒有理由坐下去，且離約定時間尚有片刻，就決定下車回頭找，就如此在信義路與仁愛路間走來走去找遍仍無法找到該小飯館，首先懷疑是否已搬家，但是老友既指定該地應事前訂位，所以搬家的可能性不大。靈機一動，想利用公共電話查號，但是該小館可能未用店號登錄了電話號碼。此路不通後，忽然想起問一問公家轎車司機，經該司機指點後豁然知道延吉路原來延伸到仁愛路另一端，計程車司機所給與的資訊「已到延吉路底」是錯誤的，該長官的思考被一條街是兩條路之間的老化觀念所害，當時如在思考上有突破就不必浪費這多麼時間了。

我們在辦公室或日常生活中發生類似的情況很多，每天習慣上走同一條路上班的人，永遠無法遇到另一條路上所存在的新鮮事象。每一件事都遵循既有的規劃去處理者，就無法發現創意性的方法。有時以既有資訊無法獲得解決問題時，為何不從另一方向去思考求突破呢？

4. 在大趨勢中迷失

有人說廿世紀末為不確定的時代，亂氣流的時代。而轉眼已跨入二十一世紀，好像我們在不知道未來將如何的情況下過日子。

企業經營亦如此。由於明日以後的未來在未知的情況下，企業不能不「豫而立」，否則無法經營下去。企業必須編訂三年、五年或十年的中長期計畫，據以從事經營。

那麼經營者如何編訂中長期計畫呢？論語有一段對話，其大意為：

弟子：先生，三百年後的事情是否可以知道呢？

孔子：可以的。要知道未來的事情，只要徹底了解過去的事情。例如對歷史分析檢討其中的變化者和不變者，則不僅三百年，連三千年後的事情也可以預知。

……………

……………

孔子：凡在流動的東西，如河川，雖不分晝夜在不斷的流動，但是任何一刻的水並非相同的，然而河川仍然在該地。雖然現象在變，但是本質並未變化。人生或歷史又為何不然呢？

如此看來，好像大趨勢並不難推測，但是應注意易於在其中迷失方向，尤其不得不注意長期趨勢中仍有難預測到的突發狀況之出現。

例如電視映像的大小，原來一直往大尺寸方向發展，到了近三十吋時，限於技術及成本考量而停頓。而在液晶映象的出現後，突然又朝超薄超大等突破性方向發展。往小型方向的發展也在脫離家庭用電視機為主的情形，跟著攜帶式電話機的發展，朝迷你型的隨身看電視發展。

從這些例子可以看出，在大趨勢的直線進行中，仍有可能出現意外的創意插入空間，使發展偏離直線進行。

在這些變遷中，我們雖可掌握大趨勢而在策略上做因應之措施，但是更重要的不在順著趨勢的適應，而是如何掌握應守住的地方與可以放棄的地方，對應守住的地方我們不能迷失在其中，應以創意來加強國際競爭力。其方法為，不宜誤認歷史只有在直線進行，而迷失在其中，應站在歷史性的觀點和世界的視野上利用自己的優缺點，檢討如何插入世界潮流的創意，才能訂出前瞻性的計畫。

5. 基本因素難預見

俗語說「歷史會重演」，這一句話表示人類的行為脫離不了人類的本性。雖然從生物進化論看，科學家說人類係從人猿進化到目前的行動型態，也就是從接近爬行的狀態經過幾萬年而進化到立行。這種變化是「大趨勢」。能預見大趨勢的人究屬絕少數，絕大部份的人日常能想到的預見的事象與此比較就短得可憐。

對某一事物的觀察，如為當時之事象所迷惑，往往無法判斷其真象，而可能誤導結論。因此我們有一句諺語「旁觀者清」來提醒我們觀察事物的態度。

天下雜誌曾在經濟論壇中述及，在二百年來的經濟思想史，經濟學者探討經濟成長的根源，其情形為：

在十八世紀，重農主義的答案是農業，重商主義者的答案是貿易順差，古典學派是自由競爭。十九世紀掘起的共產主義的答案是勞工。進入二十世紀，強國之道，滿清政府是船堅礮利，德日軍國是軍事侵略與奪取海外市場。

二次世界大戰後一切變化加速，刺激經濟成長的要素的變化加快，從熊彼得認為是「創新」到今年諾貝爾經濟獎得主梭羅主張的「技術進步」。

這篇論壇中給我們的啟示為，梭羅在三十歲時，也就是在一九五〇年代就觀察出「技術」在經濟因素中之重要性。上述經濟思想史中從重農、重商到自由競爭等，不外是不同時代背景之產物。人類還在跟自然搏鬥時，農業是生產基本資源的重要手段，重農是自然的現象，到物質稍富，則注重流通，重商主義就會抬頭。商場就是自由競爭之產物，市場功能之充分發揮商業才會發達。這時大量生產的問題就出現，其「副產品」就是某些資源缺乏國家之侵略行為。經過二次世界大戰的浩劫後，人類已預見「量」的追求不如「質」的改進，而追求在和平相處下的競爭能力——創新。

這段簡史一直存在著「技術進步」之因素，但是在時代背景下這因素之重要性一直未超過其他因素。例如在農業政策性問題待解決時，農業技術之改進就不迫切。待這些問題解決後，始顧慮到或想到更基本的因素——技術進步。如果當時就有遠見而同時採取農業技術改進措施時，可能改寫部分歷史。

人類社會在發展過程中遇到此種例子不少。例如傳統經濟學中所述的三要素為勞力、土地和資本，但是目前有人加一要素「資訊」。又，會計行為的功能為衡量和表達二項，目前有人加一項「管理」的功能。這些後加因素的重要性，影響力之大不待解釋。一個國家，一個公司或一個組織能搶先注意這些未被重視的基本因素就是勝利者，也是適於生存者。

6. 明哲保身觀念的誤用

現代人開會特別多。從政府機關、民意殿堂或企業組織好像以開會在浪費時間，使頭腦愈遲鈍，使健康愈惡化。聯合報副刊《繽紛》刊登芳仔先生的會議痴呆症一文內述及：『開會時與會人員為了保持中國人「圓」的哲學，如自覺分量不足者，則禮讓他人先發言，自認分量超過者則等主席邀請發言，所以在主席一陣語重心長的開場白後，就教與會諸專家時，通常場內突然陷入「會議痴呆症」，大家決不作第一位發言的烈士』。

這是開會時出現的百態之一，開會百態最近發展得愈來愈精彩，當所謂肢體語言，群體打架的情況出現時可能達到最高潮，開會的百態也從靜態發展為動態。如仔細觀察與會人士的心態時，也可以發現無奇不有。例如，「有策而熱辯者」、「有策而不辯者」或「原來就無策而沈默者」。但是一方面也會出現屬於奇人之類的情形，例如，「與主題脫節的發言者」、「突然披露離題千里的理想者。」

有策而不提出自己的意見者，有時被批評為「善於明哲保身」。因為此類與會者的心態是麻煩的事情委由他人，不勉強在火中拾栗，以圓滑的處事態度求安全第一。也許在變遷劇烈的時代或利害錯綜的社會中，這種心態是處事的一種方法，從某一角度看是賢明人的求生方法。

明哲保身的原義並非如上述的處事態度。詩經中所述者為「既明且哲，以保其身」，是在讚賞周朝宰相仲山甫的德行，明哲是通達天下的事理，先於大眾知天下的事，保身係指順於理而不誤進退。在唐朝的白樂天的文章也有，「明哲保身，進退始終，不失其道」。總之，這句話在表示具有優越的智慧而懂道理，能正確判斷，對進路的擇選不會錯誤。

對推行創意的企業而言，雖然不必排除「與主題脫節者」或「突然披露離題的理想者」，但是應鼓勵「有策而熱辯者」和「直正的明哲保身者」，才不會誤解明哲保身而扼殺個人的創新意願。

7. 科技幫倒忙

二十一世紀是科技掛帥的時代，從日常生活到太空競賽都是科技在主宰一切，好像科技對人類的生活帶來無止境的方便，尤其是機器人的「人性化」好像可使喚的範圍愈來愈大。機器人已能辨別人類的口令來做事，從好的方面看，救災或掃雷等危險工作，可由它們代勞，從人道主義的立場看是一大躍進。

至於日常生活中按鈕及電子感應的操作也「無疆不拂」，從早晨起床熱一杯咖啡，上班搭捷運或公車，在辦公室打電腦，以手機與同事或家人連絡或安排節目，等等⋯都在按鈕操作中過日子，這些都是科技給我們的方便。

但是這些方便是否對人類帶來真正的幸福呢？

最近在整理舊剪報資料時，讀到姜幼蓮老師的《一樣學生兩樣情》的文章，其中敘述科技發達的後果，其大意為：一個小男生問老師：「水開了是長什麼樣子？」老師轉問其他學生，居然全班答不知道的有六七個，有一個學生說：「我家燒水都用有響笛的壺，水開了只會大聲叫，所以不知道壺裡的水怎麼煮開。」

又下課後要新進學生掃樓梯，但每一角落都呈圓弧狀的痕跡，灰塵依舊在角落，老師只好以掃帚示範並要求學生回家照做，但是學生的回答是：「我家都用吸塵器，沒有掃帚。」

至於上家政課學生分不清楚，大排骨或小排骨，大白菜或小白菜，黃豆芽或綠豆芽是常有的事，甚至誤將水仙花的鱗莖當蒜頭來炒，使全家中毒送醫的新聞。這些學生一定沒有聽過「水仙不開化—裝蒜」這句話。

近年學生語文能力明顯衰退，例如報載，某大學生上課的互傳紙條，被教師沒收，一閱，居然是「知（蜘）珠（蛛）人2看了沒？超贊（讚），沒看趕僅（緊）去看。」錯字連篇。會計學上了一年，居然連「折舊」的折字以「則」字代替。究其原因，一是國中基測不再考國文作文，學生對文字的使用不求甚解，二是電腦普及化後，造成學生依賴各種輸入法，了不起使用注音代替文字，有的學生認為使用錯別字是小事，甚至認為是「流行」。

這些都是科技幫倒忙的事實。身為科技人的廣達集團董事長林百里說：「科技使用得當，是人類的福氣，科技愈發達，人類生活的能力卻成反比，尤其動腦力的機會愈減低，對激勵動腦的創意意願有很大的威脅。」

三、創意的來源

上帝賜予我們核桃，
但祂可不曾敲開它。
——德國諺語

1. 為產生創意做準備

前面談到，大家都處於創意的競爭時代，但是創意的「世界」存在著若干阻礙的因素，所以要成為創意人，應注意如何克服它。接著，讓我們來認識創意是什麼？創意在那裡？

在此先介紹成為創意人應有的態度和準備。

△訂定人生的目標：

首先應準備一本隨身攜帶的小筆記簿，當你閱讀任何書籍遇到值得學習的重點或觀察事物的心得，或因此而產生創意時則予以記錄。人生最大的鼓舞來自內心，你必須往自己內心找尋可以激發熱情的力量。一旦找到以後，應把你想做的事實寫下來。

想要創造什麼？可能有各種各樣的構想，因為創意不需要有限定。但是在未熟練於創意產生的過程前，宜以自己直接相關連的範圍為主要對象。

但是，最有效果的東西應該是，為社會上完成某種大志願。這一點應經過三思後寫在筆記簿而放在心裏，往後想到的各種各樣的創意會以這大目標逐步實現。當然無法要求所有的創意都指向你的生涯中的願景，但是應可以確定有眾多的寶貴創意會指著該目標而出現。

人到中年時特別需要創意，所以在四十歲以前就應立即著手構思。因為你在前途燦爛的青年時期，將會遇到眾多的機會，如果你知道如何利用時，可以大膽的嘗試。假如已過五十歲時要構思的創意就要很慎重了。

△向目標邁進：

我們常誤解有價值的工作，並不容易達成。當然除非遇到好運，目標的達成需要相當的努力，不過我們應以向目的海岸划船的心情去做事。創意完成後付諸實施，對達成大目標有一種鼓勵的作用。

我們回顧一生，應有值得驕傲的重要事蹟，而這些事蹟的光環可能影響到現在。對此我們可以探討其成功的原因。雖然有些成功可以歸功於天佑神助，也就是所謂的運氣，但這種情形究竟屬於稀少案例，大部份的成功應歸功於很多有益的創意的不斷地付諸實施。

有人說：「為了決定目前應做什麼事，應先考慮十年以後的事象，這種想法係認為真正會影響將來的工作，才是現在馬上要著手的工作。但是一般人往往做相反的工作，也就是通常浪費在不關緊要的事情，而耗損自己的創造力。」

△目標要踏實：

這也是最重要的一點，目標應該是實際上可以完成的事項。在討論創造性想法時，常遇到的批評是，如果只強調創意的現實性，那麼很多偉大的發明家、思想家就不會著手無法洞察的工作，也不會完成其偉業呢！不過我們要知道，他們是例外的，我們應該先著手做將來可能成功而有明確的指標的事象！

例如，你對投資有特別的才能，你應該量力從小額投資開始，將收回投資本錢後的餘額繼續投資。正如有人說：「有錢不是罪惡，但是沒有錢的確是一件不幸的事。」所以我們不得不考慮目前自己的處境做現實性的考量。

△向前思考：

在此不是提供任何「處方箋」，只要求大家仔細想一想下列的質問。

你一生中有什麼指望？為何一直拖延未實行？這質問係希望各位向前思考。雖然創意並不是每一項都會如意的實現，但是，至少向前思考可以在你們的心中有接受某種事象的準備。只要你們有起動的正確信號，創意一定會湧出，而在想不到的地點或時間——也許在睡眠中——出現。

2. 創意是什麼？

論述創意的書很多，但是對創意如何產生大部份交代不清楚，在論述創造性的思考法時，如果主張：「只要理解產生創意的神秘法則，人人都能成為創意人」，則很多人並不表示認同。不過各位只要耐心閱讀本書的論述，相信會改變懷疑的態度，而想出很多實用性很高的創意。

創意是什麼？如單純的從字本身看可以解釋為「創造的意念」（東方書局《國語字典》民八一年版），但是不夠清楚。假如追溯老《辭海》（台灣中華書局民五七年印行），卻沒有創意二字的解釋，但是有：創作（creative）：文學或藝術作品，出於己意，不事模仿者。以及創造力（originality）：個人能特出新意，造作一事一物之力量也，二詞的解釋較接近創意。所以創意一辭可能近年用得較頻繁的字彙。創意依據新的字典解釋為：「精神上的理解或活動的產物，或指一種概念、見解、著想、構想或計畫。」但是依據在美國大學主講「創造性思考法」的教授R. P.柯拉福的定義則為：「創意是為了發動心的機械，用精神上的火花點燃『汽油』。所以它一旦發動，會帶我們到不同的場所或從前未見過的未知世界。」

創意能產生、變革個人或社會全體的工作。明日工作室出版一本《Mr. WIN—贏的故事》，其中描述人類文明的發展史，透過 Mr. WIN 來代表人類以「創意」推動文明的進步，人類與其他動物的差異在於有「創造的意念」，有「累積創造的本領」。該書將這些差異集中於「創意人」Mr. WIN 的身上。

人類的做事從創意開始，古代火種的掌握、畜牧和農業的發展，沒有一項不是改變人類生活的創意。至於近代文明生活中的，蒸汽機關是創意，汽車、飛機和電腦都是創意的結晶。有名的著作或書法、繪畫也是創意。日常使用的牙膏筒，糖果的包裝紙也是創意的產品。

從事創造或發明，對生活而言是根本的問題。一個人並不是從事艱苦的工作而受尊敬，是因為他的創意成熟被執行才會受尊敬。

什麼是成功的創意呢？讓我們看看若干案例。

美國的好萊塢有一位製造小道具用的寶石商，他原來以製造電影明星佩帶的古色古香的寶石為業，某一天靈機一動，認為一般人沒有理由不喜歡此類裝飾品，他將寶石類予以近代化，透過百貨公司大量出售，獲得巨額財富。

太空船的形狀來源係取自州際飛彈的創意，但是有趣的是州際飛彈的很多構想曾係取自太空船。所以兩者在創意上是互有借貸關係。

美國發明家P. L.史賓瑟因為開發雷達科技，在二次世界大戰期間立下大功，一生取得專利超過一百項。戰後，他在一家實驗室工作，當時他正在研究導彈防禦系統，偶然停在磁控管（產生高頻微波，供應雷達能量的裝置）旁邊。那一刻口袋裏的糖果棒溶化了，他覺得很奇怪。

他立刻拿一些玉米花籽，放在磁控管前。很快，玉米花爆開，噴得到處都是。在此種情形發生時，其他的人可能只在實驗室日誌上記下來就算了，但他想到利用這種發現來做爐具。

史賓瑟之所以被認為是偉大的發明家，是他具有與一般人不同的地方，他比較留意所見所聞，看到不尋常的事，會問自己：「嘿，我能怎樣利用它呢？」

3. 創意是累積知識的啟示

從上述案例可以察知，很多創意是從某種既有知識得到啟示。

例如：被譽為台灣虱目魚之父的傑出漁民林烈堂，在二〇〇四年七月初發表討喜顏色的黃金色虱目魚苗，一改大家對虱目魚的刻板印象。他前後做了四十多年養殖研究，他說：黃金色虱目魚的突變品種，出現機率約百萬分之一，十幾年前發現時，如獲至寶，經多年蒐集大量資料研發，努力穩定新品種的基因和成活率，才正式發表。因此國內外訂購魚苗踴躍，可望為台灣海水養殖業帶來新商機。

在電腦出現前，有一種計算數學的計算機，這是從電話自動交換裝置使用的機器得到創意的來源。貝爾電話公司的職員不滿當時作為計算數學的計算機的性能，利用自己常用的自動交換原理創造嶄新的計算機。

新的創舉既然大都從既有的東西想出，並不是從天空降下，大家應利用心中已存在的東西，或想要在心中留存的東西去創造新的方案，同時我們也體會到，知識的累積對創意是相當重要的。

為了測試這種原理是否真實，請對突然在腦裡浮出的創意仔細分析，想一想這些事象，係來自什麼事實。然後與曾經創造某些新東西的前輩談一談，該前輩的創意如何產生。不管上述新東西係發明，新的促銷構想，音樂的創作，相信這些人的經驗應與上面所述的原理是一致的。

二次世界大戰中出現登陸艇，看到這種登陸用舟艇，我們會想到很多淺灘或河口在收集木材時採用類似的方法。事實上這是美國海軍陸戰隊登陸作戰指揮官 Mr. Mikings 從路易西亞那州收集木材的小舟想到的創意，經多次改良後成為目前的登陸用舟艇。如再追源，這小舟係荷裔美人從荷蘭浸水地域使用的後部底有開口的溝，中間設渦輪機的小舟「移民」的。

家具是家家必備的東西，但是近年在設計師的創意下年年在變化，其發展到了在混搭、極簡、禪風、新古典等風格上和顏色上的大膽嘗試，朝多元方向推行。

回顧義大利的家具發展就是”從累積知識中求創新“的縮影。例如六〇年代，由於塑膠材料的大舉出現，則以彩色當道。七〇年代，義大利設計師以諷刺手法表達時事的訴求，顛覆傳統路線，找到新的突破點。八〇年代，前衛的高科技風潮成主流，木頭不再是家具的主流，金屬材質大大地露面。九〇年代，電子數位文化上身，家具設計在這種流行中走：①多功能的設計②新材料的應用③奇特造形的嘗試等創意路線。

4. 創意是集體創作

有時候，在創意的過程中，需尋求同組人或朋友的互相切磋。這時候會遇到，完全不知道創意如何想到的人，或喜歡將自己完成的事予以神祕化的人。但是有心積極地創造事物的人，通常知道自己在這些過程中，需要與他人互相勉勵，互相支援。

如前述，近年人類累積的創意相當豐富，其種類也包羅萬象。有些大項創新計畫則在應用這些既有的創意再產生新創意，而創意的內容在這種乘數作用下，急速地朝各方向發展。例如太空計畫則在集合近代科技之粹，為探索宇宙送出各種太空站、太空船、人造衛星等。至於較小項的集體創作不勝枚舉。例如，英國的設計怪傑希瑟威（Thomas Heatherwick），作品跨在大廈、橋樑、雕塑，甚至手提包等，他曾於曼徹斯特理工學院以及英國皇家藝術學院修讀設計課程。集結身邊人才，包括建築師、園林設計師、結構工程師、工業設計師，甚至劇場設計師。他說：「我們最佳的設計項目都是集思廣益的，大家討論起來就像打乒乓球一樣，你來我往，在意念上精益求精。」

不過，是誰最能擦出火花，大家心照不宣。希瑟威不僅能想出匪夷所思的點子，還有本事付諸實施。

他的代表作有，由水壓活塞控制的倫敦的行人橋，用拉鍊製成的暢銷手提包，以及由設計的鋼芯組合的巨型雕塑品「爆發」，豎立在曼徹斯特。

日本NHK每週曾播送一種與集體創作有關的節目"挑戰極限"。其內容主要在介紹日本人的做事和團體精神，以及如何以創意克服困難完成使命的過程，其中多次介紹到，為完成大目標下，每位團員如何發揮個人創意克服困難的情形。

例如，名古屋城的修復工作，動員了土木工程師、砌石匠、鍍金匠等，在名監工指揮下，開始修復工作。因為該城是被指定為世界遺產，故修復時不得改變外貌，並須保留原有外觀材料，所以遇到的困難層出。但是都在相關專家費神費力創出很多奇蹟下完成交辦的工作。

另外一種集體創作為接力賽方式的創作。也就是前人的創意經過年代由後人繼承發揚。換言之，過去累積的知識成為後人的跳板或前提條件，使得後人能夠創出輝煌的成果。例如約百年前，瑞士的某大學教授，結合纖維素（cellulose）和硝酸鹽造出的硝酸纖維素（nitrocellulose）。他預言該製品將來可代替火藥。實際上在纖維素中存在著色彩明亮的合成脂（plastic），觸感很好的人造絹絲（rayonne），透明油漆等。雖該博士未想到這些新產品，但是他完成的業績，連同他的名字卻永久留在化學的書籍中。

5. 創意是早人一步起動

有一種很訝異的現象就是，很多人只在創意的賽場參觀，但是就是不願意走到起跑線上。實際上在他們的周圍都是思考比賽的起跑鳴槍員。當然這些鳴槍員不會主動告訴你：「這裡就是創意的出發點，你或你的公司只要進一步追求下去，會帶來取之不盡的創意源泉。」

引起創意的珍貴材料，除在街上走動的觀察可以發現外，報章雜誌也會給我們很多的啟示。雖然這些材料因個人看法的不同，會出現不同的可能性，不過通常一般人都將其忽略過去。

例如，某報紙在不起眼的版面下欄，刊登某大工廠的女工，在即將來臨的夏季旅遊美國的小記事。她們的平均月薪不到二萬元，旅費都自費處理。假如你在上班的火車上看到此記事，可能會羨慕這些女士們的行動。又，你是演講者，可能以此例介紹，雖然待遇不高，也應有享受休假的必要等等。聽眾也許有人想一想如何在薄薪中貯存一筆國外旅行的經費。

但是假如你是企業的業務經理，這種記事（消息）對你應有另一種重要的意義。你會從自己的業務上的角度去思考消息的意義。亦即應察覺時下的基層階級在可能的範圍內追求享受。如果是航空公司，在這種趨勢下可能會特別規劃國外旅遊。同樣的情形也影響旅館、咖啡廳、餐廳，以及精品店等業者去思考基層的心態變化的趨勢。

在此我們暫時避開討論創意的起源，但是我們應注意到在這些趨勢下，有創意的商人一定會早人一步想到如何在贅飾品等方面，採取積極地措施，開拓新的市場。

企業上被視為難解決的事物，有時透過創意重新給予「新裝」再登場的實例很多。有一家豪華旅館由於利用的客層係在事業上有成就的頂級老闆為對象，故生意一直不理想。後來轉手給某企業家，他著眼於休暇時想要享受豪華旅館的一般客層。將該旅館改為一般商用旅館，降低收費且可享受豪華套房及豐盛的晚餐，使該旅館的業績直線上昇。

創意會隨時「光臨」，我們應儘早準備，才能隨時「招待」它。

總之，我們的周圍，隨地有創意的素材，創造就是在這些既存的事物上產生。所以我們要探討的問題就是：創造如何連續性的產生？其過程如何？然後究明如何在有意識或無意識中利用這些過程。更重要的一點就是儘早從出發點起動。

本篇

一、創意的產生過程

尚未工作即獲得成功，
這只在字典裡才有。

1. 創意要學習產生過程

要使創意工作順手或成功有二個可能，一是天來的啟示，另一為技術。過去論述創造性思考的著作很多將它以靈感或靈悟（inspiration）的問題處置。當然你有十足的精力和熱誠，也許可以靠它來完成某些事情，但是這種說法只言及問題的一部份而已。

我們寧願強調後者—也就是認為創意是一種“技術”，而擬以這種觀點來說明基礎性的有效技術。

首先要抓住創意應如何開始？假設我們不知道創意產生的過程，想要「玩弄」創意，猶如沒有工程學的知識想開始製造汽車。雖然經過無數的嘗試錯誤可以完成汽車，但是如果從初就具備如何製造的知識和方法是不是更有效呢？

讓我們看看創意如何產生的具體實例。

假如你經營小小的雜貨店，你夢想使其發展成如三越或ＳＯＧＯ般的大百貨公司，但是如何達成夢想完全沒有自信，也沒有足夠的資本馬上改成大店鋪，目前所住的地點也沒有支持如此大店鋪的條件。

但是你曾走動大都市的商店展示窗櫃，而為年節的佈飾讚嘆。如僅仿照他人去改裝，充其量只能在地方引起人潮，但這種構想應不會是你的最終目標。如何成為可以獲得全國性好評的事業，才是目標，所以此種創意仍不能滿足自己，不過仍請將你的構想在筆記簿記錄，而作為隨時思考的項目。

為了想出更好的構想可以到處注意相關事項。因此可能注意到裝滿各種珍味食品的豪華年節禮盒，而考慮能否做為促銷的項目。經過考量大概的成本後價格上也許不適合自己小城市的需求。所以豪華禮盒的構思在執行上有困難。在重新思考各種可能性時，突然冒出良策。那就是不堅持以「成本加上」的價格，而以適當的價錢銷售豪華禮品，在本地以服務性質促銷。如何獲利問題則放在創意被一般接納後才考量。上述原則想通後，著手考慮細節。首先探討裝禮物的容器，可否用較鮮明的顏色，並結上緞帶花。或使用不同素材（竹、塑膠等）編織的籃子來引起顧客的好奇心。其次，容器中裝什麼？巧克力精品等食品外，也可以放置當地特產品作為不同的附加價值。在思考這種基本性創意中，可以浮出更多的創意，只為了容器中裝什麼就可以成為你的樂趣。同時你在透過特殊容器向顧客介紹新的食品，也可能遇到很多願意廉售的食品批發商，也許世界性的陶磁商願意提供珍貴的容器。

在長期而有創意的經營中，你的年節禮盒可期待成為全國性著名的禮盒專業。假設進一步透過網路銷售系統促銷時，其全國性的名聲不難達成。

從上述案例得知，創意通常是指將某種東西的特質轉換到另一東西上。換言之，目前在某種東西有效發揮的性質或特性或屬性轉換到我們想像中的東西上。

小雜貨店的經營者，想到奇特的商品—年節禮盒，予以大量生產促銷。這就是一種新的特性。亨利．福特將汽車大眾化也是這種創意為出發。商店可能陳列未予以利用的很多商品，但是如上述禮盒改良，則可以產生很多新商品。

另一案例為：住在基隆的陳永天在國中畢業後就參加職業訓練，並進入中船基隆總廠擔任電焊工，後來升為該公司的電焊技術師，他表示自已不善文字表達，但是熱愛藝術創作，過去曾想透過畫筆來呈現對各種事物的看法，但是怕不會受大眾接納，所以一直不敢動筆。有一年到文化中心參觀畫展時，一位畫家提醒：「想畫就拿起筆馬上畫」，這一句話改變了他的觀念。

後來，他不但勤於習畫，也著手利用不同素材的創作。例如，洗衣板、木砧板、肥皂、漂流木，到了他手裡，都成了藝術創作的素材。

在二〇〇五年初，他舉辦個人創作個展，取名「心與自然的對話」，作品包括利用肥皂為素材的”肥皂的創意“，利用廢棄電子零件的”內心世界“等，充分表達環境的過度開發嚴重破壞生態的問題，也透過個展喚起大家重視環境保育。

2. 創意的產生過程

在此我們再仔細探討創意產生的過程。

如上述，創造係抓住我們眼前的東西的特性，將其轉置於其他的東西。

首先，我們應認知這過程絕對不是仿造，假如對某特性不做任何改變來使用時，那就是單純的模仿。假如我們將某一流程照章應用時，充其量只改變了製造的地點，在此處生產的東西，從世界性的眼光看，仍然是舊東西。這類仿造者，社會上不會給予好評。在世界各地出現很多幾乎可以亂真的「名畫」。但是既屬名畫的模寫，一旦被識破，其價值等於零。

另外一部份學者主張，創造的過程是一種結合。但是在此要注意，假如只將二個或二個以上的東西予以結合，不應視為創造性結合。例如將洗碗器和沙發椅，墨水和冰淇淋、噴水器和抽屜結合，不會產生什麼創意性的東西，就是出現了某種東西也只偶然的產物。社會也不會在這種結合下進步，我們的要求是在有秩序而不斷地應用中追求成果。

創意產生的過程有三個階段：

首先，應觀察某一種事物，

其次，從其中選擇一種珍奇而顯著的性質或特性，

最後，將該特性適用於其他的事物。

這三個階段，為了探討學習的方便，可以再分為更詳細的步驟。香港的創意大師黃霑先生說：『創意的產生過程可以用五個字表示，則「藏、混、化、生、修」。藏就是收集階段，平時應多觀察，將看到、聽到、讀到的各種人、情、事物，勤收「藏」，然後「混」入腦中思考重組，經過消「化」孕育，拼出一些點子（資訊），像「生」孩子一樣，經過陣痛才能完成構想。雖然孩子是自己的好，還是要「修」飾一番，求其真善美，提供大家鑑賞。』這五個過程與詹姆士・楊（James Webb Young）所說創意產生的五個步驟：①蒐集資料、②推敲資料、③去蕪存菁、④產生創意、⑤實踐創意，不謀而合。

收集資料是創意的開始，收集雖然可以不設範圍，隨個人或團體的嗜好，或目的廣泛收藏，但是基本上需經過深度思考，認知的過濾才不會淪為浮濫，在需要時反而無法有效應用。尤其是關於語彙創造方面的資料，是人類特有的智慧的創新，隨著社會的變遷，有千變萬化的花招，其收集方式，尤需慎重。

如何將資料混入腦中，如何將它思考重組，消化孕育，拼出點子，就要靠創意人自己的能力，這些能力是可以靠培養來增強。

創意人基本上應培養觀察力和思考力。至於設定目標去找點子，當然目標本身就因個人或團體（企業、學術單位等）的需求而異，但是設定目標本身也是創意。目標範圍設定後，就要照上述「混」、「化」和「生」的過程按部就班去找出解決問題的點子。

創意的成為「產品」要有「市場」，否則會成為「裝飾品」，因此創意必須考慮執行問題，所以創意要經過檢討評估，獲得可能的共識後才端出提供大家鑑賞。這個過程就是進入創意的「評估和行銷」階段。

本篇擬參照黃霑及詹姆士·楊兩位大師所述的創意的產生過程五階段，依筆者的瞭解分為創意的引線、孕育、產生、評估及行銷五階段並分節介紹。

茲為讀者對照的方便特編列五階段的對照表供參考。

創意的產生過程	黃霑	詹姆士·楊	本書的分節
	藏（收藏）	蒐集資料	創意的引線—觀察力
	混（混入腦中）	推敲資料	創意的引線—思考力
	化（消化）	去蕪存菁	創意的孕育
	生（完成）	產生創意	創意的產生
	修（修飾）	實踐創意	創意的評估
			創意的行銷

解決問題的第一步，
就是把問題說出來。

——約翰·彼得福萊恩

二、創意的引線

㈠觀察力

1. 找出事象的特性

創意的來源如上述隨時隨地隱藏在我們的身邊，它們等待有心人去發覺、找出，所以創意猶如礦產等待有心人去探勘、採掘、提鍊才能成為產品，這些探勘也好，發覺也好，要有一種力量去引導有心人去做。礦產如沒有一種力量引導有心人，它永遠埋藏在地下，創意也是需要某種力量來引導有心人去發覺它、找出它。這種力量或能力就是觀察力、思考力加上與一般人不同的處置態度—求變心。

換言之，這些能力和態度是有心人與創意間的引導線，這些引線除部份係先天的特質外大部份可以後天自我耐心地訓練出來。

很多動物一生中只尋找他們嗜好的果實而忙碌，雖然在附近有更富於營養的果實，他們並不在乎。人類假如像這些動物一生只為自己的老習慣而生存，不知道有更好的創意存在時，正是浪費此生。

好在，人類中有很多不虛度一生而抱著偉大夢想的人，例如富爾頓係藝術家，但是製造蒸汽船。莫爾斯是人像畫家，但是發明電信。伊里·何德尼是教師而發明綿紡機。這些人都是踏出自己的專門領域，完成重要的發明。他們都是察覺到在某一領域工作的一般人無法觀察到的事物。

導演楊德昌說：「成功沒有捷徑，只在生活上的用心，對日常接觸的事物，要像個雷達敏銳搜尋和記錄各種細節，才能累積成源源不絕的創意。」

觀察是開啟創造之門的鑰匙。觀察本身隱藏了很多鑰匙。有時候觀察也是組合的鑰匙。

一個企業，是否鼓勵創造性思考是成功和失敗的分歧點。企業雖在勞力上、時間上花費很多，但是假如缺乏創造性思考就無法補救頹勢。

從現在起讓我們扮演探索者的角色，去尋找這個寶貴的創意。

首先，應著手尋找合乎產生創意的屬性或特性。毫無疑問的，頭一句話就是要問：「要尋找它應如何著手？」，當然應從各位本身相關的事業或活動中去尋找，但是此時也應開始思考自己的野心或慾望等將來的計劃。假如這些事情能深植在自己的心裏的深處，自己的活動會自然而然地指著該方向。

當我們在尋找新的東西而注意觀察時，請回憶前章所述的產生創意的過程。該過程提醒各位，應該去發現的東西是從某一方轉移另一方的特性。

一個很普通的事象，如予以仔細觀察，可以察出意想不到的現象，這個現象可能就是引發創意的來源，例如我們看到外國人好像都美國人，相反地，外國人看東方人很難分出中國人、日本人或韓人。這是少了仔細觀察的結果。假如我們仔細觀察應可以找出或描述他們的不同點，這不同點就是一個事象的特性，找出這種特性才可作為開拓創意的材料。

例如畫家陳正雄先生從台灣原住民藝術中萃取兩種特性（他稱之為基因）：強烈的色彩和鮮活的生命力。這些特性對他的繪畫帶來新的創造基因鏈，產生新的藝術作品。

這方法是他體會出來，在聯合報發表的《藝術就是尋找新基因（特性）》的原則之一（聯合報九四年十一月二十日）。該原則如針對一般的創意來說可以改寫為：創意人需要建構自己的創意特性庫，懂得從各種事象的創意寶藏中尋找新穎的創意特性，加以萃取後，用於創造無限的創意作品。

任何東西都具有非常多項的特性。其數目不止一個或二個，假如我們認真去探討時可以指出數百項。例如以房屋為例去尋找時，其特點或屬性可以列舉如下：雙層洋式別墅，有五個房間，交通方便，組合式建築，外表乳白色油漆，紅瓦，有二套浴室，廚房設備是併組式，後面空地較高有假山等等。雖然還可以舉出很多屬性，但是應注意我們要選的屬性應屬於配合自己的嗜好或目的。當你想創造某一事物時，你要選的屬性應和要完成的事物有密切的關係者。

至此，我們會碰到的疑問就是要找怎樣的特性。

2. 影響選擇特性的要點

影響選擇特性的要點很多，其中較為關鍵性的五個要點可列舉如下：

- 是否能賺錢的事項
- 是否能節省勞力的事項
- 是否能帶來健康和幸福
- 是否訴諸感性的事項
- 是否屬於時尚潮流

當觀察事物中的什麼”支配性屬性“時，上述要點可供參考，但是並不必局限於這些範圍。不過考慮這些要點對於接近可行性更高的創意有很大的幫助。

在考量上述五個要點時，多數場合寧以別人的立場考量，而不必站在自己的立場考量。當別人因為我們的創造物而獲利時，我們也將分享相關的利潤。考量能否節省勞力亦然，通常應以能否節省別人的勞力為出發點。

△關於獲利方面：

例如，有二位人士遠赴佛羅里達州開設製紙工廠。他們計畫以什麼做原料呢？廢紙或紙漿？答案都是否定的。二人計畫從美國南部大沼沢地繁殖的芒草為原料。當地盛產芒草，每英畝年產量達五十噸，製造一噸的紙只需要四噸原料，是很有潛力的原料。那麼他們為何開始這種事業呢？因為使用這種紙，出版業者的用紙成本，至少可以節省二十%。如此則成為雙贏的局面。

葉芳誌在不到二十歲時，用鐵線做「豆豆」玩偶給幼稚園的兒子當玩具，在小孩圈引起轟動，其他小孩也吵著要，後來幼稚園竟向他下訂單製作。如此啟動他線條藝術創作，作品以科幻、機械獸為主，大型者可賣到三千元左右，供不應求。

葉芳誌的鐵線纏繞功夫越來越精，在現場以顧客名字為主題，扭出鑰匙圜或手機吊飾。日前他在台北市美麗華有固定店面展售作品，百貨公司、飯店也有他的作品展售，並常應政府文化局或文化園區之邀請表演絕活。

一位主修與美容沒有因緣的耶魯大學畢業生，收購製造美容院用燙髮用品的小公司。一面探討冷燙所需要的化學知識，一面研究女士們能在家庭自己做頭髮的家庭用冷燙頭髮工具。這種套裝工具為他帶來巨額財富，也滿足了眾多家庭婦女的愛美需求。

△關於節省勞力方面：

某些家具製造公司開始採用汽車工業的流程作業。首先將家具零件的製造機械化來節省勞力，並在國內各地設立組合工場，以節省大量的運送費。同時不載運組成品而以零件輸送，故貨車的載運量增加七十五％，其結果對消費者能較別公司更低廉的價格出售。

人類有惰性是眾所周知的問題，因此家事用的工具、用品或食品，都是為節省勞力而發明。如何才能「偷懶」，這種可能性是無限的。

美國曾有一種調查顯示，設備齊全，眺望情形很好的四層樓大廈，三樓以上的房間出租率很差，其原因為沒有電梯。所以佛羅里達州的休閒地區的小型公寓，二樓以上不做為客房。尤甚者，假如學校沒有設電梯，在三樓有課程的選修科目也成為選學生選科考量之一。例如因為西班牙語教室在二樓所以較設在三樓的法語熱門，冷門課程心理學因教室在一樓而很多學生選修。

涂威傑當時（二〇〇五年）尚就讀紐約某藝術學院設計系研究生時，設計一隻充滿狂想趣味的可調高度的高跟鞋，讓他受到紐約時報的注意和報導。

這種創意的起因是，他和太太在逛街時，太太抱怨買不到適當高度的高跟鞋，希望他研發一隻，能依各種場合調高度，穿上整天，仍不必為換鞋子而煩惱。這句玩笑話引發他的創意心，後來他就設計出一雙神奇高跟鞋，輕輕的按鈕即可選擇六種不同高度。這個奇想而實用的發明，受到美國各媒體注意。所以配合人類惰性的種種應變創意有無限的思考材料。

△關於帶給人類健康或幸福方面：

這個的要素也可以發現同樣的道理。例如目前在食品店排設的「嬰兒用食品」係美國嘉寶氏接受醫生的指示對其嬰兒孫子，餵食流動食物得到的啟示。當時嘉寶每天必需料理少量的野菜予以弄碎滲漉後使用。他想為何不能大規模的生產呢？後來也成為嬰兒的偉大朋友，也是他們的恩人。他的創意係被迫想出的，但是也為他帶來食品製造的大事業。

此類案例不勝枚舉。阿波多研究所研究出多用途防止刺激皮膚的軟膏，成功地在市場銷售。明尼蘇達鑛業公司，發明比傳統的膠帶粘著力強六倍的膠帶。有一家騎馬用品公司在馬鞍裝上收音機出售，使騎馬休閒的人不再感到寂寞。

△關於訴諸感性方面：

上述最後的案例，具有另一要素，亦即訴求感性的要素。訴求感性的要素，因人而有不同的反應，前述三個要素，對他人的訴求力幾乎人人相同的，然而這第四個要素感性則因人而異。因為這要素被個人的過去的經驗或本身的好惡感左右。想要滿足自己的自尊心往往要購買進口汽車。有人喜歡訴諸味覺的東西，例如巧克力糖。女生喜歡噴香水但是男生就不一定。我們之中，有人愛湊熱鬧，有人好安靜，又有人喜歡在戶外觀賞日落，但是有人喜歡泡咖啡店。所以這個要素是不一定的，是多種多樣的。

但是本要素非常有影響力和魅力，尤其是越高級的東西，越講求這種魅力。

幾年前紅極一時的日本料理卡通片《將太的壽司》，將一個典型的「競技式成長」故事，刻劃了主角將太及其競爭對手們的心智與技巧之成長，更展現了料理的深度。一般人對佳餚的評價，不外乎味美、新鮮、有彈性，該片卻呈現更高的品評層次：料理師父在食材和料理時的心思，以及其中蘊含的道德品質。高明的料理師，不但要考慮每一道料理的順序，避免味覺上的衝突；連客人的食慾變化，都得細膩地考量在整體搭配之中。該卡通片對光講吃的故事，以年輕而富有創意力的將太，讓人吃出一種感性上的波動或震憾，甚至吃出一段感動莫名的回憶。使料理有了形而上的感性。

曾在世界重量級「德國 iF 設計比賽」獲獎的周育潤，除了獲獎外獲得「設計概念」的肯定，這個獎已超越單純的外在形象，而是深入設計的本質。設計本質是創造更實用的功能和更感性的外表，這種設計概念乙項已逐漸成為左右比賽評審的關鍵。

△關於追求時尚潮流方面：

最後讓我們瞭解投入時尚潮流的問題。這個問題本身在談創意時，有一點不合邏輯。一般人通常的習性是寧願隨潮流也不願抵抗它。一般人的心態也容易被隨潮流的創意所吸引，同時這種創意既然在潮流中，也容易成功。雖然這種想法並不是鼓勵各位停留在潮流中，但是創意最後的目標是被大眾接納，如此做對創意的推銷較有幫助。從發揮創意的立場看，投入時尚潮流並無不利之處。

我們可以回憶，艾森豪總統對帽子業做了貢獻的故事。艾總統在任何場合都帶上帽子出現，這情形猶如對當時流行的無帽主義者的抗議。艾總統帶上氈帽出現時，有身份的紳士們也爭著帶氈帽。在此以前，美國某些地方由於買手不強，曾以一頂一美元賤賣。因此李氏帽子製造公司的老闆對艾總統呈上「全國最大的帽子促銷員」的讚辭。

趕時髦的創意也不一定都會成功。例如美國一時期愛國熱潮很盛，有一家臘腸業者乘機推出紅、白、藍三色的臘腸，結果出乎意料之外的失敗。其原因為藍色的臘腸，總不適合食品類的視覺。

流行係選擇當時最具有支配性的特性開始。例如出版社看到長篇小說成功時，即時要求特約作者編寫長篇小說。甲板用的搖椅流行時，不久家具店也利用此種創意。又，少數名媛帶上無緣帽子時，帽子商隨即仿造類似的型色。

總而言之，以上五個要點係互相有密切的關連，這些要點常常連在一起。當你選出某一要點時，可能因為想要省力，或想要使我們的生活更豐富，或訴求我們的感覺等理由而採取它們。你應以更廣泛的範圍去追求創意，如此才容易探討該創意是否有市場價值，或是否配合時尚潮流。換言之，假如你喜歡你的創造性工作能由一般大眾接納，你就不能只陶醉於自我滿足。

3. 如何應用這些特性

一見認為極好的創意，有時仔細想一想可能是，將很平凡的東西，經過一定形式的巧妙的處理而已。假如有人教你可將東西縮小，你就製造縮小後的床頭用或登山用的收音機，或製造超小型的牙膏。又，有人建議你將製造的商品加大，你就計畫將自己製銷的營養食品的容量大型化，或有人推薦塑膠製品，你就設法將產品的容器改採塑膠原料。你可以採用這些建議去改變自己的產品，但是這些究竟是單純的改變東西的特性。我們顧且將這些"想要選擇的特性"稱為"觀察的重點"。這些重點通常是一目瞭然的，尤其是應用在宣傳或商品計畫者更是明顯的。

例如當飲用橘子汁的習慣擴及大眾時，有人馬上想到，以果汁飲料代替新鮮水果，因此發了一筆大財。這件事說明，沒有什麼了不起的變化，當你自問：「橘子汁的創意在那裡？」而他找出的答案是：「作為清爽的健康飲料」。創意就是在這麼簡單的過程中產生。其實，這種性質或特性也可充分應用於其他的東西（場合）。

通常商人或廣告業者，隨時以這種觀點在思考事物。例如，台灣褲子大王百貨公司董事長楊政城學的是報業行政，卻在褲子世界走出一片天。他以一句「再大的鳥都裝得下」的行銷標語打響名號。創業時祇是一家三十多坪小店面，目前（二〇〇五年）在台中、台南、高雄、屏東共有二十八家分店，店內從內褲到西裝褲，任何尺寸都有。廣告詞從「再大的鳥都裝得下」擴展到「再小的鳥也不放過」。

這種曾被笑罵「沒有水準」的廣告詞，實際上講出品牌特性，是一種創意性的行銷策略，讓該公司在服飾界奠下深厚基礎。

要發現可應用於其他事物的有力性質或特性，並不是很難的。在宣傳的文句中或商品的計畫中，我們可以找到使商品暢銷的因素，只要有心則可以映在我們的眼裡。

利用一種不起眼的特性產生的創意可以完成大工作。例如台電某發電廠福利社銷售一種特產品「冰棒」而成名。使人從特產品想起該發電廠。該福利社利用發電機冷卻水製造冰棒出售，其廣告訴求為：最純的水質做最衛生而好吃的冰棒。

目前台灣的所謂「便利超商」已很普遍，在街頭街尾都可以看到。加盟主不得不考慮具有特色的加盟點來提昇其形象。連鎖式便利超商主要的訴求為「商品種類和排設」和「服務方式」的統一格調。這兩種訴求都是便利超商的特性，但是如何追求有別於其他加盟點的特色時，這特性就成為創意的重點，也是我們觀察的重點。

例如，萊爾富投源店位在通往埔里必經的省道上，坐擁八〇坪空間，可能是台灣最大面積的超商，加盟主最大的願望是開一間造型美、景觀佳的超商，因此斥資約二〇〇萬元在二〇〇三年開了全台第一間玻璃屋超商。內部也提供寬大的休息空間，並設高級化妝室，排設懶人沙發等。在室外更有小朋友玩爬用的巨大的甲蟲玩具。

至於服務方面萊爾富也改變傳統超商的思維，除強調消費者的購物機能外也改變服務的範圍。例如將較高的貨架降到一二五公分，減少壓迫感。過去婉拒借出廁所也陸續增設消費者用的洗手間。有些在交通要道上的連鎖店也提供停車位等。

這兩件改變均打破傳統的「統一格調」的特性，大膽地利用地形或地點追求新的服務範圍。

設法利用這個原則對你有很大的幫助，也希望各位利用筆記簿儘量記載自己想到的創意。

4. 觀察的價值

△觀察力可能對社會或個人帶來很大的報酬

例如，美國的紙業商人，某日從買賣紙箱的門路聽到可在南太平洋的廣大的木材生產地廉價買到原料。他們為了確保該資源乃組成公司，結果他們兄弟獲得巨額的利潤，作為開始大事業的資本。

P.C.衣瓦松博士，服務於某醫院時，從一種重大的觀察得到啟示，經過研究創造消除傷痕的新方法。該方法可成功的消除戰場傷兵的皮膚傷痕和一般市民的青春痘的傷痕。

該博士的觀察過程是，他長期間從事植皮醫療工作，但是與其他醫生不同，除單純的植皮治療外，思考另一可能性。他注意到取除皮膚後會產生新皮膚的事實。當然為了能重生需要高度熟練的技術做取除皮膚厚度的乙半部份。所以他想假如只取除表皮能否不產生因傷痕引起的疤痕。經過仔細觀察發現大部份的傷口，其受傷程度不到皮膚厚度之乙半，因此他認為如只取除該厚度則傷口應不會留下疤痕。有了此種觀察和構想後，剩下的問題就是如何做到自由自在地除去適當的厚度的皮膚。該博士經過多方面的思考想到紙銼刀（砂紙），亦即用擦除法代替的削除法。在此種情形下，產生整形外科領域的寶貴新發現。

△觀察力可以發覺身邊的簡單的應用素材

十七世紀荷蘭眼鏡商H.李柏謝有一天用兩塊鏡片遠望，意外發現景象都放大了。於是他把鏡片置於一條管子裏，發明了望遠鏡。十九世紀藥商約翰・沃克用小棒子混合氯酸鉀和硫酸銻，結果混合物黏在棒子上。他在石爐邊想把棒子的混合物刮掉，棒子卻冒出火焰。火柴很快就推出市場了。

假如你是廣告業者，觀察到同業以很幽默的方式吸引大眾，或看到以卡通化的廣告獲得成功時，你可以採用這種創意，創造自己的廣告。你在很多動物偶像型的漫畫或卡通可以塑出自己認為滿意的動物卡通偶像。

△觀察力可以發覺潛在的創意特性

很多潛在的創意特性隱藏在我們的周圍，但是必需靠自己發揮觀察力去發覺它。雖然我們的觀察力無法發揮百分之一百的效果，但是不必為此悲觀，只要其效果達到五〇%至七五%，甚至只達到十%，該效果仍對社會有貢獻的可能。

五金推銷員查爾斯・古特義手上有一種巴西橡膠，一般人當橡皮擦使用。這材料遇冷變脆，遇熱融化，除了當橡皮擦，看來沒有什麼大用途。但古特義不死心，一直想試試看橡膠還能做什麼。他把橡膠和許多化學品混合，始終沒有什麼成果。直到一八三九年某一天，他把橡膠和硫混合，不小心掉在熱爐上。當他清潔爐子時，發現橡膠變硬了，卻仍有彈性。橡膠意外硫化，變得又強韌又有彈性，大有用處。今天，從汽車輪胎到高爾夫球，都是由橡膠製造。

△觀察力可以捕捉事物的真正意義

假如我們對心中的事物不做細心的思考，可能會忽略該事物所具有的真正意義。有一位出版商以一本美金五分的書以二十本套裝成為叢書出售，成功地銷售數百萬部。他說：「不可思議的事就是，這計畫是他錯估了別人的創意的結果。」他補充說：「讀者文摘的創辦人在創刊時送一本給他，但是他閱讀後認為成功的機會不多。不過知道他的朋友以文摘方式出版的用意。」實際上這位出版商出版上述叢書的創意就是由於了解出版讀者文摘的用意得到啟示。

總之，觀察力是人類最寶貴的財產，社會上到處存在著很多值得看的東西，值得思考的東西。我們不要只單純的觀察它們，應在心中重複思考，然後從其中創造出新的東西。

5. 觀察的深度

從下面故事的兩則處理過程知道，創意的原動力無非是來自有心人的細膩觀察。目前已上市的沖洗屁股式馬桶的開發是經過多次的挫折，而在研發人員細膩的觀察不斷地改進才成功。其間的故事在此不細述，僅介紹幾點與眾不同的創意人處事態度。

首先，這種馬桶中要沖洗時會伸出噴水的水管。在開發初期一直無法解決水管的自動定向問題。如採固定在中間，如廁時會阻礙大便的掉落，如採必要時左右移出，則無法正確對準應洗的方向。這個關鍵問題一直無法突破。某日一位研發人員無意中看到汽車的伸縮天線而得靈感。採用伸縮式噴水管既可固定於一定方向，且在按沖洗鈕時噴水管才伸出並向一定方向噴水。

其次為噴水的溫度控制問題，沖洗的水溫經三百多位自願參加測試人員的感覺，結果認為攝氏三十八度左右最適當。問題就在如何控制溫度。多種控制溫度的方法中，IC板在體積方面最適當，但是IC板在潮濕的馬桶中很快失效，控制系統又不能在馬桶外裝設。此問題也是一位研發人員在下雨天看到交通號誌照樣運作而得到靈感，認為製造交通號誌的IC應有IC板的防潮處理技術。經造訪討論後，果然獲得解決問題。

又，社會上的用詞的變遷隱含了很多事象，但是我們常忽略它。假如我們仔細的觀察這些用詞的變化應可以察覺社會的變化。

例如，年輕人以日文「の」代替「的」，注意符號的ㄛㄚ…代替文字哦啊…等感嘆詞。從這些變化也許可以察覺，年輕一代在追求文字的簡化，這種趨勢是否代表社會走向文字的簡化，是值得注意觀察的。

文字或語言是意念的載體，當新的流行發生時，語言會隨而發生變化。報紙在新聞報導外，每天都有專欄或讀者論壇之類的評論。在這些評論的文章中常出現值得注意的社會變遷。有些屬於新用詞有些是舊用詞帶新含義。所以創意人應透過用詞的觀察瞭解社會變遷的趨勢，掌握創意的先機。

例如，台灣有統獨方面的用詞。其變遷從準兩國論，一邊一國到中華民國就是台灣等等，使我們可以察覺國際間對我們的關切的情勢變化。又，對一時間「本土化」問題而出現的用詞風波，與民情有微妙的關連，前總統罵新當選總統為「豎仔」，陳總統在「鄉親」面前為表態本土化而用「你嘜安納」等等。

這些變化是否反映民情，輿論趨勢或政客心態的變化有待觀察。但是從這些用詞風波中不斷出現新用詞去觀察民情的趨勢也是培養觀察力的一種挑戰。

6. 觀察的助手

觀察越細膩，出現的細節越多，想要表達的事象也會越複雜。如光靠記憶或文字記載，有時很難描述清楚，這個時候如能利用圖象記載，就可以幫助記憶細節。例如小說家在旅途見到的特殊景象，如能以簡單的素描或圖象來捕捉概況，回家後則能憑圖回憶詳情。我們常用簡單的地點參插註明，來表達某地點的行程路線，這些都是此法的濫觴。圖表也可以增強觀察力，繪製圖表時你必須仔細觀察事象，才能捕捉重點或架構，這些動作有時就成為創意的主要引線。

例如，想開發鐘表的新產品時，可將鐘表的構成要件分類成；動力源、周期性、傳動、指示板、外表等五種要件，並對各要件列舉相關的技術性手段的項目（如左表）。然後對各項目做各種組合。假如構成要件為五種，各手段項目有五項目時，照計算可組合的種類計達三、一二五（5^5）種。但是實際上如左表的情形，因為各要件的手段項目不一，組合的種類合計數則降為七五〇種（5×3×2×5×5）。可組合的數量仍相當龐大，所以代替案的範圍擴大很多。

此時我們應對其中作為新製品的可能性較少的項目予以排除，最後認為可行而合適者則剩下無幾。對這些經過篩減項目仍需再三檢討後選定合乎目的的構成要件。

可行性檢討時可考慮的因素有，市場性不大，成本太高，或開發時間太長等。

這是一種創造新產品的組合式創意法（詳後述），但是大家不要忽略，能靈活運用此法，個人或組織對各項目的技術手段應具備有系統的累積知識，才是先決條件。

時鐘的構成要件表

外表	指示板	傳動	周期性	動力源
現示板表	針	齒輪	原子振動	氣壓變化
懷中表	電氣表示	IC	音叉	電池
手表	數位表示		水晶	電氣
置鐘			遊絲組	發條
掛鐘			鐘擺	錘子

㈡ 思考力

1. 創意是觀察加思考

要觀察出難懂的特徵本來就不容易的，但是假如細心地注意眼前各種情況時也許可以發現。關於此點與過去的知識和記憶有密切的關係。

那麼，使我們有記憶是什麼力量呢？大部份就靠觀察。假如不去接近做仔細的觀察，則無法記憶人或物。談到這裡我們會遇到一種有趣的問題。很多人會發現，但是不一定會創造。因為他們只會更改理論性的知識，但是除此以外任何事情都不去變革。很多人知道無線電話的原理或電池的原理，但是對這些不做任何動手。瓦斯從細小的出口噴射時會冷卻，這種事實被知道了很長的期間，但是出現不用冰塊的冰箱卻等待了很長的時間。

平日多留意觀察身邊事物，即使不自覺的記入腦裡，潛意識也會將資料分類，而在需要時，潛意識會像電腦掃描器般，將所需的資料找出，所以創意不可能憑空而來，需平時細心觀察，在需要時刻意去思考才會湧出。但是有時候這只是起點，必要時必須再找時間再思考，直到創意成熟為止。

這種情形給我們的啟示是觀察是創意的開始，但是要經過不斷地思考才會有結果。

在創意的引線上，觀察和思考猶如車輛的兩輪，缺一就無法前進，兩者應互相交叉應用才能臻於完美，所以創意是觀察加思考的結果。

人類有一種”吃軟不吃硬“的性向，大家喜歡走容易走的路。思考的現象也不例外，有人懶得「費神」去仔細思考，這一類人恐怕與產生創意的緣份就比較薄弱。因為越「了不起」的創意，越需要與眾不同的思考過程。

一般人很少利用難於瞭解的應用方式去思考，而偏向於應用眾知的事情，因為越容易懂越容易賺錢。難懂的東西也許最後會獲得讚賞或歡迎，但是要大眾瞭解其意義的重要性，就需要費工夫的。例如建築家F.F.賴德，其設計通常不顧傳統，所以他的存在被社會認知，他的創意被眾人接納是經過了很長的歲月。

產業界本來就是較保守的組織，很難遠離熟悉的常道去冒險，他們不願意去嘗試跳躍式的思考構想，至少他們會一腳踏著常道。一般人也對於突異的創意往往會結成反對的統一陣線。大家可以回憶，曾有一時大家認為，鐵路是載人到地獄的東西，洗澡是不健康的行為等等。所以深度的思考過程，會遭遇是否要去冒險的選擇。

2. 思考路線是連續而無限的

美國在一百多年以前（一八三三年）當時的專利局長官在辭官時說：「所有的事象已出盡，在美國專利局發明的申請爆滿，很難想像再出現新的發明。」但事實上，該長官的上述顧慮以來，在美國完成了數百萬件的新發明，此外未申請專利或未獲得專利而留在我們記憶的創意也在數百萬件以上。

創意的思考是連續性的，其伸展是無限的，它在時間上、空間上並無止境，創造的可能性也是無限的，它不斷地以無法阻擋的趨勢，向前再向前衝成無止境的寶庫。一旦創造成功，根據該創造可能擴大思考路線，所以創造是不斷地向前推進的。而且這些所具有的特性對存在於各方向的新應用產生敏銳的感應。穴居時代需要做的事很多，但可應用於創造的思考線索稀少，故創造出來的東西不多。但經過數百年的年代，人類已擁有難於應付的眾多創造的思考線索。

有人說：「所有科學性的真理是受發表當時的知識的程度左右。」例如，W.巴金和該時代的化學家的研究成果，使"細菌學之父"柯何的出現成為可能。柯氏獲得一九〇五年諾貝爾生理、醫學獎。他發現結核菌、霍亂菌，發明診斷結核用的結核菌素等輝煌業績。L.巴士智是法國的化學家、微生物家，研發狂犬病疫苗，也研創低溫殺菌法。他的這些成果，對後來J.利史達創出利史達消毒法，提供了前提條件。

這些事實證明任何場合，某一事件會陸續產生新的事件，而其向前推進的趨勢是無止境的。

美國麻省理工學院教授英國物理學家T.柏納李一九九一年發明全球資訊網（World Wide Web）。說是”因緣巧合“也好，是”時勢造出英雄“也好，這是創造會連續而無限的發展的結果。起初他為自己整理研究檔案的需要研發一種稱為「詢問」的軟體，能連結大量資訊。因為資訊科技的環境，促使他的軟體成為網路，而大眾也正需求這種功能的軟體，於是帶來一次資訊革命。

在此要特別記住，新造出的東西應不是與以前所造出東西完全相同的。因為創造性的努力必須帶某種變化，而向多方向擴大。過去我們雖然只在處理單純的基本性本質，但是這些本質作為開始創造而言，仍具有重要的響影。

創造的任何瑣碎的小部份，會向外擴散，繼續繁殖，最後成為很難認出原形的程度。

3. 思考有很多通路

前面已敘述，創造是尋找某一東西的特性，然後移轉於另一東西。這是指某一時點只移轉一種基本性特徵。但是通常每一特徵存在著其他的特徵，例如建築房屋時，油漆有很多種類，磚瓦也有不同種類，甚至庭園的花草也有很多選擇。

這種情形表示什麼意義呢？這是表示一種發明必須採取連續性的應用。但是作為發明素材的事象是無限量的。因此思考的通路是多方向。

對某一事象的觀察可深可淺，但是要獲得與眾不同的構想，必須做深度的思考，牛頓從蘋果落地發現地球引力的故事，如強調其觀察力而忽略其背後有他與眾不同的思考，就失去意義了。

思考的通路很多，我們可以想到的主要者有二種發展方向。一為垂直方向，另一為水平方向。

垂直方向的思考又稱為，多層次思考，擴大定義思考或重新定義思考。其精神是對事象的思考不以表面上的瞭解為滿足，而是採用如詹宏志先生所述的「漸距推進法」，先用自己的習慣下定義，然後擴大定義內容的範圍，再下一次定義……然後再擴大、再定義……一直到自己的視野完全變化為止。在這種不斷擴大定義當中，可以發覺新的解釋，可能推翻前一層次的定義，而得到不同的解釋。

這種引線可以改變我們以初步認知就滿足的習慣。

例如，托兒所原來是對學前幼兒的照顧為目的，但是如果將「純」照顧的範圍稍為擴大，加上識字等啟發性遊戲內容，對家長的委託有更大的吸引力。認字遊戲如再擴大範圍，參插外語的遊戲，改稱「美語」安親班，這種變化既可滿足家長望子成龍的願望，「班」方也可以跳脫「純」托兒所的印象，做學前教育的「協助人」呢！

這是雙贏的「同中求異」的多層次垂直方向的思考。

思考除上述垂直方向的深度思考外，也可以向水平方向擴大或轉移的思考。向水平方向擴大並不是在原有思考範圍去延伸，而是多少帶一點「反方向」的分析。也就是找出與原有思考範圍不相干，而有共通之處的事象，作為思考的對象，把看起來不同的東西，找出相同或相關之處，作為擴大思考的範圍。

例如，從台北到南部墾丁旅遊，在討論路徑時通常只想到台灣西部的各種交通網，為何不把繞東部的路徑列入考慮。如此也許有意想不到的好處，（多觀察東部的大自然等）。

又，在陽台布置花盆的方式，改由全家每位成員各提出不同建議，這種做法是由複數的成員，對同一問題提出不同的解決方案。也是水平方向的思考方法之一。

日俄戰爭，日軍的參謀總長兒玉元帥有多次的經驗，當問專家時十中八九答覆是「那是不可能的」。兒玉深深感覺這些專家的思考範圍那麼地狹窄。所以兒玉認為，他們是「昨日的專家，非明日的專家」。兒玉認為重砲陣地應貴在迅速移動，因為戰況並不如專家所想地停在那裡。假如重砲陣地不能隨時移轉和集中，日俄戰爭只有戰敗一條路。

這故事雖然是戰史的一頁，但是重砲陣地的應用，從傳統戰術的固定陣地應用思考轉為考慮移動的必要性，再思考能不能移動，是向水平方向擴大思考的案例。

有時候對事物如僅從傳統的方法看它，只能得平凡的答案，無法湧出創意。假如再從不照牌理的角度——例如從天的一角看下時，或設定虛疑的一點，從該點看下時，也許問題會有很大的變化。這表示有時候應從現實離開一點去思考事物。思考需要刺激，也需要距離。

有一種人說：「我們要會見愚笨的人和賢明的人，假如你想靜坐來思考事物，那是假的。」

創造有很多通路，我們可以視自己的能力和需要去選它。某人可能向一個方向或方法前進，但是另一個人則對該方向以不同的方法去嘗試。學校教我們的知識出去社會後無法使用的原因之一是，出去社會時，與學校所學比較，有更多的方法可採用。

既然思考的通路很廣，故我們應牢記，一種大計畫，必需由數千的創意思考向同一目的運作。例如，從航空運貨機的發展史得知，通常平均需要三至五年利用相關科學知識進行基礎設計。隨著設計進入更複雜的階段時，發展這些飛機所需的時間會更長。假設包含以前未開發的相關領域，設計上所需時間會拉長，當該飛機的原型製成試飛成功時，可以說設計本身是成功，但是探討實際使用引起的欠陷，到進入量產，需要二、三年的試驗期。…從上面的敘述得知，一部飛機從設計構想到可以上戰場使用，牽涉的思考通路眾多，需要花費很長的時間。

很多企業，不管新製品是否成功，為準備需花費數年的研究。各企業都與創意做長期間的「戰鬪」。

4. 反面（逆向）思考

上面我們介紹思考路線的可以向前、向左或向右猶如網狀無限的伸展，但是至此應該可以想到向後伸展又如何。所謂向後就是利用過去的經驗的思考。這是一個很重要的方法。此時不要限於「應做什麼？」方向的創意而應考慮「為什麼如此？」方面的思考。很多人從過去所做的事學到的是，什麼原因使它成為如此，而忽略進一步的反面（逆向）思考，也就是知道「為什麼如此？」時，未採取「假如不那樣做時如何」的逆向思考。

在一九二九年發生經濟恐慌前J.佛林在美國月刊雜誌發出一片論文，其中引用一首約二百多年前一家泡沫公司在法國破產時所寫的詩，據此發出警告，認為一九二九年可能發生同樣的情形，當然他是靠自己的知識，利用調查過去「為什麼如此？」而發出的警告。

大家讀歷史，從其中學了什麼？是否只記住日期？回顧過去幾十年的歷史時，我們會發生疑問，究竟在學校學到多少的事實。

過去是一切的總計，以經驗展示於現在。但是有人就不從其中學到教訓，過去的經驗中有好的也有壞的，但是很奇怪的情形就是，實際上很好的經驗，可能就是我們不應該再次去重做的錯誤的連續。但是我們很少從某種明顯的錯誤學到教訓，將過去的不幸事件關連於現在，是以過去來幫助自己最容易且最重要的方法。有不少破產或失去地位而一時陷入低潮的人再出發後非常成功的案例。這些人異口同聲說，過去的事件對自己而言是沒有東西可以替代的寶貴經驗。

當我們能決心，「我不會再次犯這種錯誤。」表示已體會到”以反面立場看事物是有益“這一句話。我們能從過去獲得之收獲，就是必須從反面去思考。

所謂以反面立場去思考係指，要體認：大部份的人在收購股票時，你得開始出售它，大家在減少庫存時你應增加它，大部份的人從某種工作退出時應表示可以開始該事業的時期。當你一生中一半以上做錯事時，可能在經濟上或在其他方面會面臨破滅。有人說：「我們今天要比昨天聰明，否則應認命明天會失敗。」

當然，採取與大眾所想相反的方法，其成功率很大是有實際上的理由的。例如大家都在收購股票，而用盡投資資金來吊高股價時，股價勢必開始下降。相反地，假如資金很豐富，但是一切東西是超便宜時，雖然是優良股票也會被迫跌價。

當人人對恐慌有準備時，恐慌就不會發生。這種理論隱含著很有趣的問題。假如大家都持反面的意見時，只有持有反面的反面意見者，會做出與大家不同的事，而從中獲利。

二次世界大戰即將結束時，美國政府的經濟閣員預言戰後將會發生如一九二一年規模的不景氣。……大家還記得第一次世界大戰後一九二〇至二一年的毀滅性恐慌。所以大家直覺的飛躍到「這次一定會重演歷史」，但是事實證明未發生不景氣。

但是戰後大眾的腦裡一直沒有脫離景氣衰退的想法。所以在一九四六至四九年間，大眾仍被「景氣衰退」的想法纏住，其結果，企業偷偷地預防突然來臨的不景氣。大眾也對各種物質貪圖性的購買，通貨膨脹時更不惜成本購買。其結果部份企業卻在「渲染的」不景氣中享受意外的好景氣。

上述事實表示太多的人忠實的守著過去的教訓時，過去會給我們錯誤的解答。我們常在各種財金雜誌讀到以前所購的股票獲巨利的記事，但是這個訊息並不表示將來會同樣獲利。

也許我們會叫囂「過去是死的」，但是隨後會加上「過去請永遠的存在吧！」。過去不管你願不願意去利用它，它是永遠活著的。

總之，我們從以上的敘述得到一種啟示，在過去的事實和經驗中存在著很多有益的創意，並且從反面的立場去想事物時，有更大的助益。

5. 不照牌理的思考

上面對思考介紹了連續性思考，垂直方向思考和水平方向思考等按路線思考的過程。創意既然是「創新的意念」，所以應有不照牌理的思考方式。茲先介紹其中之一例，飛躍式思考。

假如你們盼望做出驚人的發明，或永留世間的論述，你們必須邁向完全簇新的範疇，從其中找出一個特徵應用於自己的活動，或找出從未被發現的新特徵。當然，理論上這些事都可以做得到。要踏入很「怪異」的創造並非不可能。又，將很平凡的常識性的性質，改變為奇型的東西也是可能的。

例如我們突然想到製造有二十支腳的桌子，此構想也許還不至於被認為是狂想。假如我們以馬為對象想像二十支腳的馬，又如何呢？此種想法要經過何種過程呢？首先我們的想像從最初的桌子「飛躍」到與桌子完全無關連的馬。除非是繪畫我們不可能製造這種馬。就以繪畫，二十支腳的馬究竟非正常的，除非抽象派的藝術家，這種「飛躍」性的創作有待商榷。

我們在應用時如做出此類「飛躍」，可能會產生各種「怪胎」，這種「怪胎」有時成為意想不到的逸品。所以有人說奇異的創造也是有趣的事情。奇異性創造尚有討論的餘地，不過我們應承認自然界是無限的，它存在著很多珍奇或未知的東西。所以不能一味地去批評奇異性的創造，對人類是一種極端的東西。

例如，趨勢科技董事長張明正先生說：「當老闆要重視傾聽員工或他人的不一樣的意見。」因為老闆的「舊習慣」會限制企業的發展，創意往往來自跳脫常理。

他舉例說：「當年（二〇〇三年）他造訪哈佛商學院時，剛好趨勢科技公司是該學院的個案教學案例，學生正討論『如果微軟（Microsoft）公司有一天自己做防毒軟體，趨勢科技董事長怎麼辦？』」。當時他心想微軟公司怎麼可能進入如此小的市場。對這些毛頭小子（學生）的看法不以為然。想不到，不久微軟公司收購一家專做掃毒、防毒程式的小公司，進入這塊市場。毛頭小子說中了，老闆（張先生）當時卻在舊思維中，無法接受「跳脫常理」的思考。

另一種不照牌理的思考方式為利用潛意識的運作。

假如白天一直無法浮出創意時，也無妨躺下來，但是腦筋必須先具備能運作的態勢，然後對自己正在思索的創意或問題完成了準備工作。猶如對人說話的方式，向腦筋說「好嗎，親愛的腦筋，請抓住這些問題，去思考如何做」。那麼當你幾乎忘記該件事情時，從你的意識中會突然湧出解決方案。

突然得到神的啟示的人，大部份係以前從事相關工作的人。腦筋會毫無猶豫地向該問題一直前進，而自發性地找出解決之路。不需要做任何直接性指示能運作的能力是非常優異的，其所產生的結果可以說幾乎沒有表示異議的餘地，是完善的東西。這是所謂的「潛意識」的運作，是思考過程中腦筋的不可思議的作用。

人類中有一種人可在睡眠中抓住自己的最佳創意。愛迪生以打瞌睡為習慣，英國的詩人W.史克特是靠在椅子上想出很多構想。我們往往在深夜或清晨醒來時浮出問題的解決方案，所以建議在隨手可拿到的地方準備紙和筆。

但是採用這種思考方法時，不宜一直把事情當作煩惱，或張開眼睛躺在那裡想事情。假如希望夜中閃出創意，不能緊繃腦筋，這樣做，與白天一直在苦思無差別。夜間應使腦筋獨處，讓它處於自由自在的狀況，那麼你就有機會獲得解決方案的驚喜。但是此時所出現者，大部分屬於補足性的創意，整體性的解決創意，並不如預期的早日浮出。總之，不宜強求。

㈢ 求變心

1. 反骨精神

如前述我們容易被習慣限制思考，也常以傳統定義來限制自己。因此培養創意除增強觀察力和思考力外應設法擺脫這些約束。哲學家詹姆士（William James）直接了當地說：「天才只不過是以非習慣性的方式去理解事物的能力而已。」

創意既然要求永遠不安本分，不墨守成規，不要以正經八股的方法去觀察、思考，而要試試新的可能，要想出非凡的事象。所以不得不採取「投機者」般的態度或手段。這就是求變心。本節提出若干如反骨精神，反常假設等有關個人的心態的求變。另對觀察和思考時提出，觀念上、方法上和程序上的改變等供讀者參考，但是讀者可以舉一反三去追求不同角度的觀察力和思考力。

當「薄利經濟」時代，大量生產創造很多同質性低廉產品時，給我們帶來庸俗質感的生活方式，而「物極必反」的現象也出現，市場上追求心靈生活的消費者逐漸抬頭，因此就有「感性行銷」和「生活經濟」時代的出現。

有一群「不服氣」而天生「反骨」精神的創意人，正在努力以反傳統精神開拓新的消費趨勢。例如台北愛樂電台總經理夏迪，在天下普遍走向流行歌曲的電台中，獨樹一格成立只播高雅的古典音樂的電台。雖然創辦初期很辛苦，但是在堅持和信心下已有倒吃甘蔗的前景。

台灣以「生活美學」等新觀念挑戰傳統事業並不完全討好，還在「培育」消費者階段。例如，一時間還傳出財務危機的誠品書店，經過十餘年的耕耘終算邁入「美景」。該書店不以書店只賣書的傳統觀念為滿足，以生活美學，將書店和休閒結合，閱讀和喝咖啡結合。

求變的反骨精神仍需注重結合品牌和行銷才能形成新趨勢。知名的全球性品牌喬治傑生（George Jason）執行長郝高說：「喬治傑生從地方工匠發跡，而以求變作風躍昇為全球性知名品牌，但是本公司對消費者的反應還是相當注意。所以本公司對設計師的訓練和設計圖象方面仍注重是否符合市場要求。」

無獨有偶，誠品書店從信義旗艦店開始，不僅不怕人看書不買，還怕看書人站得累，給椅子坐，給桌子放書。書店裡你坐在看書，別人看你，成為活動的藝術裝置的一部份，成為有趣的新鮮畫面。這就是郝士高所說：「以品牌和行銷結合」的寫照。

總之，要讓消費者掏錢，一方面要觀察他們的味口，也要培養他們的味口。如此雖然會面臨逆風，但是這樣才能走向創意的路線。

2. 反常假設

如前述一個人的想像力如果以正常方式去思考時，往往受到很多習慣或傳統定義等約束或歷史記載的影響，會像鑽牛角尖一樣越想越窄。這個時候，如果在思考上採用假設的餘地，那麼想像力可以大大的放大。假設部份可以採用「違反事實」、「違反常情」或「違反習慣」等狀況，然後進入「會怎麼樣」部份。這就是What if模式的思考方法。我們可以大膽的「假設」，細心的推敲「會怎樣？」

例如，一個鞋業老闆可以做下述的設想：

如果非洲國家鼓勵大家穿鞋子，應該如何應付？是否商機來臨？依他們的國民所得購買力如何？是否可以擴廠？依非洲國家的環境及氣候條件，是否應開發適合他們的鞋型？

這種設想如寫科幻小說般，可天馬行空不受約束，拓廣我們的思路。這種方法的好處是，假設部份可以從比較接近現實的狀況發展到幾乎不可能的狀況，然後對假設事象儘量發揮個人的想像力。

海萊因在一九五九年的科幻小說《星艦戰將》中對付外星生物的士兵穿上動力裝

甲，速度和力氣立刻培增。這個「假設」在當時也許一種大膽的想像，但是卻引起科學家的注意，開始研發。例如，柏克萊加大工程教授卡澤盧尼根據此種構想研發出「柏克萊腿甲」。穿上這套機械腿，雖然背負三十多公斤的重物，只要啟動腿甲，重量立刻感覺猶如背負二公斤左右的東西。美國國防部希望這套機器能大幅減輕美軍士兵搬運裝備的負擔。但是卡澤盧尼教授不希望該機械腿止於「戰爭機器」，而希望能朝向協助老人行走之用。

同樣的研發也在日本筑波大學進行多年，而在二〇〇五年發表研發成功，已朝協助殘障老人行走的方向試驗，並考慮能協助救災時搬開笨重瓦礫時，原來因為機器人或挖土機，在顧慮有人被活埋的狀況下無法執行的工作，改由穿上機械腿的人處理。

近年科幻漫畫書中飛馬天空不受約束的內容，在意外的場合點起有心的科學家作為研發的題材。這是漫畫家反常假設所繪出的「假如」，「會怎樣？」的構想，成為引線觸及不同領域的人的創意的例子。

3. 觀念的改變

年度結束後，企業又為績效獎金的發放而煩惱。本來發放獎金是好事，但是發放不公平則負面作用可能大於正面作用，因此不得不慎重。

在此不擬討論發放績效獎金的高深理論，僅就發放獎金問題而聯想到的有趣的基本觀念做閒談。績效係對一定目標經過大家的努力或設法改進，提高效率，增加生產所獲得之超過目標的成果。應該是「造餅」的觀念，但是目前一提起績效獎金，大家就先想如何去分配它，亦就是以「分餅」觀念去處理，很少有人提醒大家如何提高效率或增加生產來創造更多的可分配的餅。四書的大學裡有一句理財的大法則，「生財有大道：生之者眾，食之者寡，則財恆足矣。」小如家庭，大者如企業，甚至國家，如果無遊民閒手，必會興旺。反之，如組織中的大部分成員係屬於「食之者」，則衰滅可期。

工會的工運，很少聽到工會提出以提高效率，增加生產來爭取更高的待遇，只聽到大家在增加加班費之發給，或旅費打折扣應取消等消極的觀念中「爭氣」。

有一次外國記者問起大陸學者對大陸前途之看法時提到，「以目前的生產力如何餵飽大陸十億人口的嘴。」大陸學者的回答是「我們有二十億隻手從事生產，應該可以解決問題。」其豪語可佩，這就是以造餅觀念去面對問題而不以分餅觀念去爭取一時的享受。

一個問題往往因為一念之差而引起爭論，有人說「早起的鳥有蟲吃」，另一種人可能反問「早起的蟲不是成為倒楣鬼嗎？」這種爭論就難有結論了。名言的真義固然應從正面去體會它，但是論及創意有時候要改變觀念，如此才能產生料想不到的主意。

古時候的教學方法是先從背誦經典作品開始，有了充分的瞭解後才談到創作。練書法也是採用先臨帖的摹練後才創造自己的風格。這種方法的精神現在仍可應用。

有人說：「改良像是模仿，但是其基本精神在於創新。透過對他人的創意的瞭解，經過改善、改良或重組，產生不同功能的新東西，模仿才不會淪為仿冒。」我們有一句諺語「青出於藍」也許在表達模仿中創出比上一代更優秀，功能更好，價值更高的「新產品」。

企業的管理和服務品質也在模仿中學習或改善。企業組織的變革很難如一般實體做實，組織不允許革命性的變化，因為企業有企業文化的絆腳石。因此企業間通常以觀摩方式互相切磋，然後配合自己公司的環境（水土），以「取長補短」方式改善。這就是創造性模仿的精神。

也許大家會認為模仿不應列入創意，這也是觀念的問題。

4. 方法的改變

上面各節介紹的創意引線，無論是觀察力或思考力好像都在提醒大家，對事象要做細膩的、多層次的或多方位的推敲。也許大家會誤解要把問題考慮地越複雜越好。這是觀念上的陷阱，這種觀念有時候會使我們陷在問題的泥沼而不能自拔。

我們應從管理大師杜拉克的論述學習解決之道。杜氏被稱為「一件事先生」，他的顧問方式另樹一格。他對客戶的疑難雜症，首先只問：「你想解決的一件事是什麼？」然後集中精神對真正的問題問下去。例如，「想做什麼？」「為什麼要去做？」「現在如何做？」「為什麼？」……。這是對複雜的事情，先找出簡單的重點，以免誤判「目標」。問題的重點既明，其餘就可迎刃而解。

創意在搜集眾多的資訊後，要理出頭緒是最困難的階段，有時候可能就在此階段打滾。如果此時能想到杜拉克的處理問題原則，稍為改變方法，先將複雜的資訊還原到單純的重點上，針對重點下工夫，可能就能脫離陷阱呢？

例如，談到都市附近的動物園我們就想到千篇一律，展示在籠裡懶洋洋躺著的猛獸或在黑暗中不動的爬蟲類等。這種展示法引不起遊客的興趣，因此才有野放式動物園的出現。但是限於幅地等條件，並非每一都市附近的動物園都可以改變傳統的展示方式。日本北海道旭山動物園也因此面臨參觀人數劇減的窘境。新任園長為復活往日盛況，在內部做了仔細地檢討，也許利用杜拉克式問法，將問題集中在如何吸引參觀大眾。該動物園既不能改為野放式動物園，就計畫將原來的「靜態」式展示改為「動態」式展示，來滿足遊客參觀的興趣。

他們採用的所謂動態式展示方法是，充分利用動物習性，在遊客面前展示動物原有的自然活動情形。例如海豹、企鵝有向上向下衝游的習性，乃在海底館豎立龐大而透明的圓筒狀隧道和一般透明展示館連結，使觀眾體會海豹、企鵝上下衝游的壯姿。

又，豹的警戒心很強，通常都躲在洞穴中不易見到，乃在展示館的高處設網狀棚，使豹可以「安心」趴在網上休息，參觀者從低處向上看到豹的美姿。北極熊有攻擊敵人的習性，乃在北極熊展示處與遊客參觀處中間設計夠大的透明水漕牆，北極熊透過水漕以為遊客在水中，常會一躍衝入水中攻擊觀眾（實際上是透過水漕的人影），使遊客在驚喜中觀賞熊躍進水中的姿勢。

其他對單純的餵食改為表演性動作等來吸引遊客。

這種種展示方法上的改變，使旭山動物園復活而成為稍有名氣的景點。

5. 程序的改變

創意隨時隨地會出現，在如廁時突然想到點子，在走路看到某一景象時，突然冒出意想天外的方案，都可以解決久懸未決的問題。這種冥思悟道般的點子是否可用或可解決問題呢？待冷靜下來後，會發現尚待解決的細節會接踵而來，如果沒有向問題挑戰，鍥而不捨的精神，點子可能像曇花一現，會無疾而終呢？

點子的出現要有耐心、耐力去追求查證可行的途徑，才能成為有用、有價值的創意，究竟不能付諸實施的點子是毫無意義的。

創意經過組合等各種方法後仍感覺不滿意時，可以暫時拋開問題，等待潛意識中出現靈感，或暫時擺在心理，反覆不斷地思考求精，但是千萬不能以「保密」的心態閉塞在心裡。因為創意在刺激和反應的循環中才會更成熟、更完善。

創意產生的過程「藏、混、化、生、修」像循環的環節般在週轉，在任何環節都可能遇到困難。此時不必拘泥於上述循環的次序，略為改變程序可能得到意外的解決途徑。

例如有時候，發明家努力想創造出某樣東西，卻一直不如理想，這時候如在程序上稍做改變，可能得到意外的解決方案。一九六〇年代末，3M公司研究員S.汐爾佛開發超強黏劑失敗，卻製造出一種超級不黏的黏劑，這種黏劑不會乾，連把兩張紙黏在一起都有點勉強。

汐爾佛一直想不出這東西有什麼用處。雖然汐爾佛把這種產品的缺點與同事談過，但是一直未能想出如意的用途。過了五年，他的同事A.福萊用這種不黏黏劑塗在小片紙上當做聖歌集裡的書籤用。這種作「書籤」的用途，發展到後來作為風靡世界的「便利貼」的新產品，足足花了三年的時間。

這個故事告訴我們一種發明雖然產生的循環已到了「生」的過程，仍可以回到「藏、混、化」的過程，如發明人的思考程序沒有突破性的改變，可能會使創意「胎死腹中」。

三、創意的孕育

不要努力去做成功者，
寧可努力去做有價值的人。

——愛因斯坦

1. 利用既有技術孕育新產品

我們在前一章瞭解作為創意引線的”創意人的能力“後，在本章讓我們談一談”如何孕育創意“。創意的孕育從過程看可分為二大類，一為以創意人本身的能力為出發點，另一為探索他人的經驗為出發點。本章前三節屬於前者的介紹，後三節屬於後者的介紹。

社會上很多個人或企業想做一點事，但總以自己沒有好知慧為藉口而作罷。假如這些人或企業能夠不斷地努力，將想到的創意寫在前面建議的筆記簿時，應有機會去蕪存菁孕育出很好的創意。

例如，美國在二次大戰中不斷擴充的企業，當大戰結束後頓時不知所措地茫然自失。他們開始嘗到企業成長鈍化、製品開發失据、為減低成本想擴充也不易等困境。在此種環境下應採取什麼對策呢？首先可想到的方法為，利用自己本身的既有技術發展（孕育）新產品。例如，某公司的機械工廠在戰爭中一直保持榮景，當戰爭結束時，則面臨「將來的正規工作是什麼？」的問題。為了維持工廠，應尋找需要做金屬鑄模、壓板、浮彫等的工作。有一天，該公司的老闆的兒子要求修理灑水卡車的玩具。該玩具是木製的。該老闆想「為什麼不用金屬製造呢?」,他認為木製玩具是脆弱的,對血氣旺盛的小孩,應製造金屬型的玩具。該公司在老闆的構想下,製造出拌水泥車、消防車和推土機等的雛型玩具,成功的把公司業務轉型。

另一美國公司也面臨同樣的問題,並想轉型為製造刈草機的企業,因此開始調查研究所有製造刈草機的企業。除研究製造方法,銷售路線的擴充情形外,進一步對消費者問卷調查;對目前使用的刈草機的感想,購買目前使用的刈草機的動機如何?使用後有何問題?如要新購時希望的類型,認為那一種機械值得購買?等等。當根據問卷回答的結果研擬刈草機的構造時也面臨若干問題。例如,材料用金屬或塑膠,用何種軸承,輪盤最好使用的角度如何等。這些問題一一解決後孕育出最能吸引消費者的型式,試製二、三種樣品供消費者選擇。最後依消費者的反應正式生產。

機械塗上色彩的目的,並不是如大家所想的,純粹為了美觀。麻薩諸塞州的某製鞋業者發覺,因為機械是黑色,皮革等材料也是黑色,引起上了年紀而眼力不佳的職工無法繼續工作的問題。此時該業者為留住有經驗的職工,在他們的機械上塗上顏色,解決了問題。工廠裡的其他職工也如法泡製,使工廠以色彩飾成。嗣後這創意經過前進性的研究,在機械的活動部份和不動部份分別塗上對照性的顏色,來減少工安問題,這種創意不久也由其他的製造業者嘗試。

這種風潮進一步做溫故知新方式的探討，也就是檢討生活環境採用什麼顏色最恰當的問題。例如，探討東西的表面顏色的反射光線問題，發覺桌上塗上明亮的顏色，等於多一盞燈泡的亮度，所以工廠的地板、牆或天花板開始塗上明亮的顏色。此後也瞭解，大型機械最好塗上藍白線或銀鼠色。

一種事象的創意在不斷的前進的同時，有時候會再度回溯到過去的研究。就以顏色的研究而言，後來進入基本上的範疇，那就是心理學的問題。淡藍色或黃色可以緩和操作工人對焦炭爐的炎熱感覺。又，瞭解由於色彩的不同可以使重機械類有較輕的感覺，四方形的房間感覺細長，狹窄的房間感覺寬濶等。更甚者也知道色彩影響人類的想法。

日本的「電視冠軍」節目包含了拉麵、木雕、折紙……等五花八門的行業，但是該節目對創意人的啟示為；參賽者就是創意人，對指定項目均利用既有的技術、知識孕育構想，創造新產品來取勝比賽。

2. 利用累積知識跳入新發現

前面介紹，從已知的東西出發，選出其中一個特性——通常只是最顯著的特性——，直接著手新的東西，或將該特性適用於其他的東西。這種方法較容易實行，也是一般人在無意識中採用的一種「處方箋」。這也是從已知者進入未知者的方法。

下面擬介紹較難的步驟，也就是從未知東西開始，進入新的發現。此法當然無法期待迅速獲得結果。此法雖然無法確知可發現什麼，但是可使用前面所述的原理，雖然不知道即將要發現的東西是什麼，但是我們知道有東西在那裡，為此我們要改變該東西的一個特性或改變該東西本身，並且在連續性的轉換中，尋求問題的解決。

各位應察知其困難性。首先應知道一切都在未知中，追求的對象只有籠統的形像在腦裡。其次，尚不知道對於將要產生的素材或如何予以變化。最後，所追求者可能是不知道如何說明的東西。總之，可以說要從這三種未知的東西出發。雖然所追求的東西，也許與其他的東西比較，已有某種程度的了解，但是如前述是極為籠統的。

那麼應如何向前推進呢？在這個階段的創造可以利用過去的知識，亦即開始利用自己的累積知識或經驗。例如，汽車王亨利福特從古式瑞士錶想到T式的遊星齒輪式減速裝置，又從古式拖車想到差動齒輪。

至此，我們會引起疑問，會浮出表面的知識，在必要時如何產生（出現）？對於這個疑問，可以說明如下；假如你理解現在自己面對的問題，同時充分理解創造的產生過程，那麼自然而然的腦筋會自動地運作，而在必要時找出需要的東西。

一般而言，你在從事這類創造時，不會在自己既有的相關知識以外動用腦筋。換言之，只利用為某特定範疇所累積的知識，我們累積的知識可以說專為此種需求而存在。

例如，醫生對患者的病進行一定的處置，就是利用自己累積的知識。有時醫生會改變處置，其處置如有好的結果時可能被刊登醫學雜誌。化學家利用他人的過去研究結果的知識，工程師利用有關機械組合的知識等都是同樣的道理。

假如你開始找寫電視連續劇的新題材，首先開始物色新的創意。從電視的收視率觀察，得知很多中心題材，例如以家庭生活為中心者，以上班族生活為中心者，以社會現況為中心者等……。那麼你會想到以匡正社會亂象為中心的題材，也可以將範圍縮小以

「打擊黑金」為中心的連續劇。黑金問題，可以使人想像黑金產生的背景，是描述黑金如何被惡用，目前大眾對其如何怨惡等的好題材，如此決定了方向後，可以陸續孕育相關的創意。

很多人目睹了火車出軌事件，但是喬治．西屋則與眾不同。他目睹了火車出軌時則決心研擬適當的對策，而認為必須研發手動剎車以外的東西。當時他未想到具體的「何種東西」，但是這種需求一直留在腦裡等待時機。某日他在報上看到義大利的某工程師利用壓縮空氣開挖隧道的消息，這一天就是發現在剎車系統應用上述原理的日子。他研究壓縮空氣的裝置，用於剎車系統的加壓或放鬆。

3. 從抽象到具體的構想

我們往往需要耐心地去尋找作為創造的基礎性東西。假如該東西是在腦裡茫然的形式存在時，要發現它就不容易。所以首先應檢討是否充分理解所尋求的東西？其性質是否可以限定為具體的什麼東西？對其想要如何處理？對象是什麼？例如，所尋找的東西不是單純的新樹種，也許是耐晒耐旱的品種。又，不是單純的橡膠鞋底，而是更舒適好穿的鞋底。也許不是單純的除濕裝置，而是追求能否更低廉地造出。

下面擬介紹如何處理上述類型的創造程序。亦即從抽象的構想進入具體的構想的孕育方法：

①應明確的理解尋找的東西。不能籠統的想「我想要更多的錢」，如此無法期待錢財會跑到你的口袋。應將其意義限定為，「我想發明新的透氣鞋底」，或「研發更廉價的除濕設備」等，然後向該目標進行。

②假如無法很明確地抓住處理的手段時，應從分析你所想的創意開始，以確定其最重要的特徵。關於上述鞋子的底部，重點應屬於為鞋底不易透氣問題，除濕設備的重點在如何達成花費不多的家庭用品。

③這種特質的要素是什麼？具有這種性質或特質者有無其他代替品？盡可能從身邊著手。關於透氣的鞋底，過去以可抽換的打洞鞋墊方式解決。除濕設備的問題，可否以大量生產來解決？什麼方法最適合抑低成本？也許為了瞭解基本原理，需開始閱讀相關書籍。

美國的大製藥公司或醫學研究所注意到古代印地安人或中國人所用的藥草。其研究方針也從抽象的藥性研究跳到具體的，能否治療某種病症。例如對有一種胃腸障礙有效果的草藥"蔓拉拉圭（音譯）"，研究是否可以減緩癌症的惡化。

假如有人對歐洲的傳統生活智慧從抽象的認定改為具體思考「為什麼如此」時，可能成為盤尼西林的發現者。因為歐洲很多主婦，常以發霉的麵包敷在傷口，這是今天所謂抗菌性原理的先驅性意義，可惜這種傳統的處理智慧一直被抽象地認為是「土法」，沒有人進一步做具體的思考「為什麼有效」，因而真象一直被埋沒。

4. 在探索過去中孕育

假如故事從一個古老的主題說起，有人問：「先有雞還是先有蛋？」在之前，得先有生命，得先有時空，得先有宇宙，於是宇宙大爆，時空物質能量同時產生於剎那。超星系團、星系在宇宙中慢慢成形、運轉、演化。其中，銀河系外圍的太陽系裡的第三個行星—地球有了生命的孕育成形。這故事表示我們的過去的壯大。我們回溯時間可以看到無限的距離。我們也可以看到眾多的事象。

我們隨著時間這種偉大的道路邁進而累積了年歲後，在自己走過的後方可以展開出更豁達的眺望。「過去」對創造的世界有很重要的助益。隨著可活用的過去的經驗的增加，文明也會越發達，我們的生活也與文明的發展併進會越快樂。

我們如果能對思考過去匀出時間，對個人的成長和世界的進步都有不可或缺的重要意義。很遺憾，一般的教育忽略了在現在的生活中活用過去來孕育創意的「課程」。很多人對如何從過去學習並無明確的想法。假如我們可以更瞭解自己要做什麼的目標時，應該會去設法探索對我們有利的過去的世界。

這裡所說的「過去」，當然包含了先人留給我們的眾多事實、資料和知識。

不走別人走的路或不跟著前人的腳步走，或不玩與別人一樣的東西，是創意的精神。創意如開拓荒涼地，要走沒有人走過的路，假如沒有路就要自己去開路。

那麼，如何知道別人走過的路，別人玩過的東西呢？這就是探索過去的真正意義，也是探索過去中學習的目的。

創意猶如生物科技的基因工程，先探索既有的事實（過去）才進入孕育或重組等工作。基因工程要孕育新的品種（創意）必須找出生物的基因（特徵），予以顛覆和重組。創意的過程也一樣，先有創意的構思（目標），依此目標尋找新的風格、形式或內容的特徵，予以顛覆，重建或組接，這些就是孕育的過程。

我們不應該為了逃避目前的生活而回憶過去，更不應該對目前的生活感覺厭倦而對過去的事實以幻想美景方式逃避到那裡。探索過去應以"發掘寶貴的創意"的態度處之。

那麼究竟有沒有，探索過去而發覺寶貴的創意的案例呢？下面擬舉出實例來肯定這種疑問。我們不管追溯父輩時代也好或史前時代也好，同樣可發覺輝煌的創意。偉大的科學家W.H.陶氏說：「我們的工作是以無盡的忍耐力研究偉大的自然法則，以此發現對人類貢獻的方向。」

粉末金屬被利用在製造金屬零件，如此可節省約五十％的成本。這方法是將金屬粉末化，然後加上高壓放在模型燃燒。這個方法是探索紀元前埃及人採用的方法孕育出來的創意。

賴尼克氏從中世紀的史實，想出醫生用的聽筒（聽診器）。他的一位患者是又胖又保守的婦人，他認為假如直接用耳朵貼在婦人的胸脯，她的心跳會不正常，但是她太胖所以無法以打診判斷病情，因此想出上述一策。

關於上述案例的過程，他事後留了紀錄：「我對於聲音的性質，想起了眾所周知的事實，然後認為這種情形是否能利用該方法。我想到的事實是，在木片的一方貼上耳朵，在另一端用別針刮動，該聲音仍可清楚的聽到。因此我以若干張紙卷成筒狀，一端貼在胸脯另一端貼到耳朵，很驚奇地，比原來直接貼耳朵更清晰聽到心臟的活動情形。同時我想不但是心臟，其他內臟的活動只要有聲音的部份都可以用此法瞭解其狀況。……有了這種確信後，我在醫院開始種種的觀察，推論出多種胸腔的疾病。」

探索過去是充滿驚奇的經驗，對科學家、發明家、藝術家或企業家，猶如旅遊很遠的異鄉。在那裡會發生各種各樣的事象，埋藏了今天的人不知道的東西。

今天有上千的專利，因為產生的時期過早而未被企業化，結果被埋沒下來。企業界可以發現很多類似的案例，亦即很多創意只有稍為等待一些年月就可能被一般認定或可能克服困難。例如休閒跑車雖然是被認定的流行運動，但是也是因為出現當時，超前時代而被埋沒一段時間。

5. 追溯過去再向前推進

當你為著手創造而追溯過去的資料或經驗來尋找某些東西的特質時，可能會發現為了前進需要對某些事實重新考慮，然後再出發的情形。因為，要達成最終的結論，不可能依據一個假說。有人說：「在忽忙的旅途中，偶而停下腳步可能發現意外的美境。」創造的過程如遇到難題，為何不能停下腳步，回頭看看他人的經驗或尋找過去的資料，也許可能成為再出發的起點。

報紙見世時對紙張的需求急增。以傳統方式的利用舊廢紙已不足應付所需。G.凱拉氏解決了這難題。他開始做各種實驗，同時將視野擴大到各種可能性。有一天他看到一群小孩用磨石磨櫻桃核來做首飾。但是沒有人會想到從這種情況產生世界性的大發現。為了容易研磨，櫻桃核被夾在二張木板，但凱拉氏觀察到小孩製造首飾以外的事情。也許他具有發現副產物中有龐大財產的天賦之才。因為在磨石旋轉的水桶中，他注意到水中沈澱了大量的木片和櫻桃核的碎屑。他以手撈起一堆木屑擠掉水份，仔細觀察該木屑，發現與友人造紙的木漿幾乎相同。

他發現世界最偉大的製造程序——從木漿造紙，以七百美元賣給朋友。這種製造程序後來卻為別人造出龐大的財富。

通用汽車的凱達林氏如何發現快乾漆呢？他急著要尋獲快乾性的釉或油漆。因為廉價的汽車為塗裝需花十七天，稍為名貴者則需三十五天，如有快乾性的塗料則可減少很多成本。他如何解決此問題呢？方法不外乎追溯過去做再檢討的方法。

他的工程師們認為問題不可能解決，他們認為可在一小時內塗裝完畢的快乾釉是不存在的。但是凱氏開始做廣泛的觀察，並拼命地尋找快乾性油漆的存在。某日在紐約的第五街看到以釉子性的新塗料完成的禮盒盤。他立即訪問禮盒盤的製造商並找到塗料的製造廠。該廠是在繁華街後巷的小型研究所，廠的主人認為不適合汽車塗裝之用，他說該漆在塗上金屬前就會乾掉。但是凱氏利用該漆加上新的技巧製造出汽車用的快乾漆。

輝瑞（製藥）公司想發明比盤比西林更強而適用於更多病況的藥品。雖然該公司為了更多的病患能受惠更低廉的盤尼西林，花了幾百萬美金的研究費。但是他們不以如此而滿足，想製造比盤尼西林更好的藥品。該藥品究竟是什麼呢？為了這種未知的藥品不得不追溯過去的研究資料，而將範圍擴及世界各地。該公司從世界各地收集十萬種的土壤，予以篩選，認為其中七十五種有可能。對此做詳細的調查結果，在七十五種中找到強力的抗生素羥四環素類（Terramycin）。該抗菌性武器可以治療肺炎、百日咳、性病、炭疽病等可怕的疾病。

6. 利用過去應注意的事項

我們在利用過去時，應注意下列各點。

①不能成為過去的奴隸

不能為了逃避不愉快的現在，將自己的精力只浪費在過去。適當的投入過去，可以得到一種休養，但是過去只能作為偶而的冒險，不能常常專心投入其中。亦即不應忘記人生的方向還是應向前邁進的。

②探索過去的目的應該是從其中獲得創意的來源

當你探索過去時，不管是從閱讀或對人的談話，必須設法從其中獲得對自己有寶貴的創意的來源。聰明的企業家會一面旅行一面觀察「發生什麼？」，創意人也應以此種態度處之。

③近程的過去較遠程的過去，通常所具有的意義更深

因為從近程的過去所獲得的創意通常與現在比較有密切的關係，其完成的可行性較

高。例如，二次世界大戰納粹為了爆炸著陸飛機的輪胎，在跑道上撒了金屬片，美國則利用磁石清除它。戰後明尼蘇達州為了清除散落在高速公路上的金屬片，想到大戰時的經驗，生產清除金屬片的卡車，跑了七十五哩就吸集了六百磅的金屬。

④探索過去的「業績」從自己的專業開始

此時，閱讀自己相關的專門書籍，當然比無目標的閱讀興趣本位的書籍更有用處。美國全國發明協會的L. S.何德藍說：「外行的發明家常因為不知道以前曾試過的技術，而為自己的無能找藉口。」

又，收藏肥皂類或合成洗潔劑相關資料約一萬七千本的美國一家公司指出：「雖然是科學家，假如他不知道相關事象到目前為止的『業績』，就無法展開任何工作。」

⑤一旦從過去獲得某種創意的來源，則應回到眼前，並向將來邁進

很多人一旦從過去抓住了創意，則一直停留在過去忘記前進。

四、創意的產生

天才是努力工作的簡寫

—B·C·佛比斯

1. 創意產生模式的分類

創意的來源雖然有來自集體創作或人類智慧的累積結晶等團體性的工作，但是基本上都是由個人產生的。因此談創意的產生，我們可以從個人產生創意的模式（類型）來看它。

創意人的類型可粗分為二種，一種是天才型，他們的創意源源不絕或具有石破天驚的發明。另一種是非天才型，這些人也可粗分為搜索滿腹枯腸，仍難出現主意者，另一為經過經驗的累積，態度的改變或思考方式的轉變，會創出輝煌的創意的人，前者（難產型）只要自己有心仍可以培養成為創意人。因此我們可以大膽地將非天才型稱為「可塑型」。

這種分類法也許過分簡化粗糙，但是為了介紹創意的產生模式以及如何培養訓練個人的創意，姑且以二分法分類以便討論。

天才型創意人的天賦與一般不同，其人格特質、行為習慣的特異元素，雖然很多學者在研究，但是到目前為止仍無法獲得滿意的解答。如詹宏志先生在《創意人》一書所述，天才很稀少，他們對我們的貢獻很大，但對我們的威脅很小（天才不會多到令我們失業）。這類人才既可欲不可求，且也不是經過培育產生，所以我們不必將其列入討論的範圍。

可塑型創意人在人類史上創出很多影響人類文明進步的創意，他們的創意雖比不上世紀性大發明、大發現或石破天驚的創意，但是他們的創意對人類的影響和貢獻不亞於天才型的創意，因此我們要重視這類創意產生模式。

創意在我們的日常生活中隨時隨地發生，除了較為「了不起」的創意會引起他人的注意外，如屬於「凡凡」的創意，雖已發生卻引不起他人的注意，甚至自己創造了「它」，但是仍不知覺。例如筆者曾在農村看到選舉後，在田中的秧圃周圍插了很多過時的候選人旗幟，經打聽才知道農民將這些旗幟代替趕鳥類的稻草人。這就是把東西改變用途的創意呢。

我們不能否認，創意的潛意識有人會隨時冒出，有人卻潛在而不易冒出。所以一般的人可以分為二類；一為沒有創意的「飽學」之士，另一個為充滿創意的「黑手」之士。如果我們透過有計畫的訓練或培育，應可以使用前者的潛意識冒出產生創意，後者也可以成為更有創意的人。

大部份的成年人，其學識和經驗相當固定，所以創意的培養，其目的不在增加個人的既有學識和經驗，而是灌輸新的處事態度和觀念，甚至改變個人的思考方式和習慣，以期更容易產生創意。

創意的材料是經過無數的孕育過程才成為個人的創意潛意識，這些潛意識如何才能冒出或浮出呢？假如我們不是等待它的自然發生，就要利用「刻意的」技術或方法去處理它，使它成為創意。

創意如在「創意是什麼？」乙節所述是一種潛在的概念、見解、意圖或計畫，它需要「精神上的火花」去點燃它才能浮出，才能發動。這種「火花」可以說是刻意的技術或方法。

創意既屬「創意的意念」，其產生的技術或方法也不斷地出現新花樣，應無固定的模式。但是為了讀者學習的方便疑將過去創意發生的情形以組合式和改良式等的模式予以歸類敘述。

以模式分別介紹的另一優點為，將來要介紹如何培養創意人時有助益。惟技術或方法本身並不是創意的目的，所以讀者可以參照這些模式讓自己的潛能浮出。

2. 組合式創意——實體的組合

有一位歷史家說：「將自己搜集的各種原因列出清單仔細觀察，或對清單中的各項目給予次序或予以整理時，可以產生新的想像力。」又，有人說：「將雜誌或新聞記事的摘要予以卡片化，在必要時將這些重組時，可以產生問題的線索或出現文章的大綱。」

這是一種協助我們構築創意的模組（unit pattern）拼組方法，此法又稱組合式創意。組合方式係分解身邊東西的組合元素或特性，來重新排列，尋找新功能的東西，是最普遍的創意的產生模式。當一種計畫或構想規模愈大愈複雜時，以單純化和標準化處理，具有很重要的意義。也就是將所構想的問題或行動，先予以模組化，再探討以問題為中心結合的各種模組的組合，如此可以探索有創意而最合適的答案。

因為人類面對複雜的問題時，容易走向將事物定型化。所以最好準備模組及想像中的構想主體，將這些模組有系統的選擇、組合，來探討整體與部份的關係，才能產生合理而可實現的新構想。例如，以鋼筆的零售兼修繕為業，後來成為鋼筆王的派克，則對傳統的鋼筆照下述特性詳細探索後創出新製品。

①鋼筆的外觀形狀可以考慮多少種類。

②筆尖的形狀和大小如何？
③灌墨水的方法可採取的種類有多少。
④筆桿的長度和材料如何？
⑤筆蓋的形狀和蓋法如何？

對這些特性想出二十四個項目，對每一項目前往圖書館收集創造所需的基礎知識，然後研發出插入式筆蓋和流線型筆桿獲得專利而躍升為鋼筆界的龍頭。

對上述實例，假如我們只看到創造出來的鋼筆，也許沒有什麼稀奇，但是採取有系統的步驟，綜合廣泛的專門性知識，使新的創意成為可行的東西，是創意人值得學的方法。因為人類容易被既有概念絆住，在自己拿手的方法或想法中打滾。這些習性，實際上是創意活動的瓶頸。

這種組合的原則也可以應用在，二個以上不相干的東西組合在一起的創意上。例如手機就是「帶著走」和「通話」二個不同功能（特性）組合一起產生的新東西。在日本啤酒加炭酸水（汽水）以淡啤酒出售，成為飲料市場革命性的產品，甚至有取代啤酒市場之勢。

二種以上不相干的東西的組合，實際上是我們熟悉的拼圖或連連看的遊戲，從這種單純的拼湊中可以體會創意發生的方式，就在我們的身邊。

3. 組合式創意—觀念的組合

談到觀念的拼組我們就會想起義大利社會學家的「巴列托法則」。該法則認為世上有二種人：一種是「收租者」，另一種是「投機者」。前者靠過去的積蓄收租過活，缺乏冒險精神和想像力，投機者永遠專注於各種新組合的可能，富於冒險精神和創造力，兩者在處事的觀念上有顯然不同的性格。

日文《功名的十字路》一書也有類似的分類，其大意為：「人有兩種型態，一是獵師型，另一為農夫型。獵師型不斷地追求未知的獵物，找到一個就想到更大的獵物，引起冒險心，再度翻山越嶺，好像永無滿足。農夫型恰恰相反，十年如一日，精耕自己的田園，熟悉鋤頭所挖的泥土的粗細和味道。對定居生活不表示任何的懷疑，如要他們遷移他村，會變臉反對。」

前面法則所述「永遠專注於各種新組合的可能」和日文書所述「不斷地追求未知的獵物」就是創意人應有的精神。

創意人永遠在嘗試如何使不同的觀念拼組，使原來的特性發生不同意義，而產生新的功能，也在不斷地追求未知的事務。

某報曾刊載周信宏先生的《速度逆思考—企業向上帝借時間》乙文，題目本身就已「先聲奪人」吸引讀者先睹為快的心理。他認為企業經營應從認識時間的重要性開始。時間就是金錢也是成本，節省時間就是節省成本。但是上帝很公平，祂給我們的時間都是一天二十四小時，因此只有應用腦筋向上帝借時間。實際上，向上帝借時間是不可能的。但是觀念上的轉變並非不可行。他在文中提供的方法就是善用資訊科技，由企業的上下（從經營階層到基層）一體去動腦筋，使有限的時間內做更多的事情。這是你不動（時間本身不能拉長）我來動（設法在有限時間內多做事）的觀念。

如果企業管理大家都採用同樣的方法來改善的話，在競爭的社會中很難有制勝的表現，故周先生主張「向上帝借時間」就是要我們以觀念的拼組方式，找出異於競爭者的點子。

東歐斯拉夫民族有一句諺語：「用腳走不通的路，用頭可以走得通。」這句諺語隱含著，一件工作如用頭（知識）的時間越多，則可減輕用腳（體力）的時間。所以周先生說：「處在資訊科技時代，只有利用它（資訊科技）才能向上帝借時間。」他提出計算時間的加減乘除四則，大意如下，可供讀者參考。

△加（利用外力增加時間）

・利用電子商務增加業務時間（全天候營業）。

・利用兼差人員、經銷商等有效增加企業的生產、銷售時間（成本低、調度靈活）。
△減（利用組織功能或型態的改變減少時間）
・利用單一窗口制度減少客戶等候時間，同時可減少窗口備員。
・利用會議視訊系統減少員工交通時間。
△乘（利用電子設備發揮工作層面的乘數效果）
・利用提款機代替員工。
・利用網路接單代替員工。
・利用專家系統代替聘請講師。
△除（利用軟體系統減除工作時間）
・利用會計、文書管理軟體減少資料製作時間。
・利用區域網路減少資料傳遞時間。

企業經營涵蓋的層面，既廣泛又複雜，因此要提出有出色而且創意性的建議，就不得不靠不同凡響的觀念上的拼組。

4. 改良式創意—用途的改變

創意的另一產生模式為用途的改變和認知的改變等改良式創意。在拼圖或連連看方式處理事象時，往往會引發對事物的認知的改變，進而對其原有的用途做改良性的變更的構想，這種過程在物體方面比較明顯。例如手機從原來的笨重而單功能商品，在不斷的拼湊嘗試下逐步改良成目前的輕薄巧的多功能「手機」（實際上已非單純的手機）。

但是認知的改變和用途的改變也對抽象的事物發生。例如莎士比亞的舞台戲「哈姆雷特」，係改自丹麥一則傳奇故事，經他改良後則變成經典名戲。改良雖然近似模仿或仿冒，但是它的基本精神應該是創新的、積極的，經過對舊產品改良或重組後，產生另一新的產品。因此有學者稱之為，創造性模仿（Creative Imitation）。

對事物的用途改變是產生創意的主要過程。用途改變的對象包括的範圍很廣，例如改變物的用途、人的用途，或知識的用途等。這些用途改變均在有心人的一念之中產生。

（對物）

把一個東西的用途改變的例子不勝枚舉。例如空的寶特瓶作為花瓶使用是一種小點子。手機的用途改變最快，從傳統的攜帶電話功能改變為攜帶電動玩具，再與網路的結合，改變手機的用途成為電腦的終端器。目前又改變為攜帶式資訊查詢器，其改變似無止境。

日本有一位水族館職員聽到大型航海船為穩定航海中的船，在船底裝載海水或砂石，這些墊底物在進港口前需排入或拋棄外海。該海水通常要求從深海取得之清潔純海水。該職員設法予以「接收」注入水族館的養漁漕，因而節省一筆很大的開支。這是用途改變的佳例。

某些製品的用途改變卻因環境變遷而受到非常大的助力。例如，鑛山勞工愛用的斜紋綿布（denim）沒有人會想到在上流社會的運動場大受歡迎，斜紋綿布已在街上的展示櫥出現。穿了豪華服飾者訪問牧場看到穿著粗獷的牛仔，這些牛仔是年輕人羡慕的對象，所以他們馬上脫下豪華的騎馬裝改穿藍褲和粗獷的襯衣。百萬富翁的女繼承人也穿上藍色的斜紋綿布褲，有人說這就是流行呀！

（對人）

創意不一定對實物本身產生，對抽象的事物也可以產生很多創意。有時候只改變了自己，改變了想法就產生創意。例如咖啡館排飾主人的收藏品兼售古董，做窗簾生意的人改變自己的想法，以設計師身分提供調節光線為主的室內設計生意。這些都是對顧客而言在感覺上提供更高品質的服務。

例如，日本多位有名的相撲力士，後來轉業為解說相撲的媒體主播。這是人的用途的改變。又日本某些社區治安惡化警方巡邏限於人力無法加強，該社區自治會想到，以機車「送麵食便餐的店員」出入該社區頻繁，乃商請他們兼辦巡邏員。這也是人的用途改變的創例。

中國大陸有一名八十多歲的老人名叫李繼勝，他在七十五歲時，不甘心在家由子女養老終生，獨自從家鄉河南省南下到廣東省珠三角討飯過日。有一天在中山市討飯時被一位美術學院的學生發現他的造型特別，乃邀他做繪畫的模特兒。李老人認為自己又老、又醜、又髒，沒有什麼好畫，經該學生的說服，同意給該同學畫。結果使李老人大吃一驚，畫裏的自己，氣質、形象、神韻完全與相像不同。

在這次機緣，經該學生的推薦，也經過波折，被廣州的美術學院聘為專職模特兒。他的特殊形象也馳名其他院校。很多藝術家參考他的形象，創作出無數的畫作和雕塑作品，李老人也自豪自語說：「我的新生命，從七十五歲開始，如果此刻終止，死也無憾了。」這也是人的用途改變的佳例。

（對知識）

知識的用途改變從高層次的角度來看，使科技的分界失去意義，科技間的融合產生很多新的知識，例如，心理學與社會學的知識改變用途後成為現代廣告術的重要工具。

在較基層層次的角度看，各行業的知識改變也產生很多創意。例如，台南市馬姓老闆，靠著「乳膠製品」闖天下，十年前則開風氣之先，經營保險套專賣店，十年後以販賣「乳膠品」的知識，商品變氣球，以「氣球藝術師」身分專門拿各式氣球幫客戶布置宴會或生日場合。

普遍性的原理可以應用在各種情況。在某處可應用的原理，應先懷疑能否應用在其他的場合。例如某玩具發明家認為應用「飲水小鴨」的原理可創出很多新玩具，所以著手研製產品，獲得二十種專利權。一個小小的原理，只要有心應用於其他用途，可產生無限的商機。

5. 改良式創意──認知的改變

對一種東西的認知改變，也就是重新認識也是創意，例如「老頑童」劉其偉的畫作，不再僅以藝術品看，而變成討喜的筆袋，可將藝術品和紀念品一起買回家。

板橋市海山中學學生張肇晏捏塑的女王頭陶燈參加台灣燈會花燈競賽，雖只獲得入選，惟這創作受到縣政府青睞，經過陶藝家李邱吉略加設計製成為獎座，由縣府頒贈贊助燈會的企業及個人。這也是認知改變的佳例。

僅僅是認知上的改變也有無窮的創意。以不同的眼光看舊東西，因眼光新，該東西就成了新東西。例如現在時髦的 SOHO（Small Office Home Office）則對辦公室的認知的改變，在大廈出現一個房間就做起貿易或顧問等生意的地方。在家庭裝了網路就做生意，這些都是改變了集中辦公才是辦公室的認知。

任何企業都在努力如何消除季節性的不景氣。例如某公司出品的刮鬍刀係以聖誕節禮品為主在推銷，後來該製造公司改變方針大量宣傳刮鬍刀是男士經常（整年）要用的必備品。所以對有些商品如採取在市況不旺時購買較有利的宣傳時，可能改變大眾的認知而改變了市況。

將負面情形改為正面情形也是改變認知的佳例。例如以避暑為主的旅遊勝地，通常以夏季的旅客為重點，如果能吸引冬季旅客，則一舉兩得，既可以在夏季就確保冬天的旅客，並且冬季的收入成為多出的利潤。北海道過去一直被認為是避暑大地，冬季一到旅館都關閉，業主要等待下一季節的來臨，但是北海道大力整理滑雪場等冬季運動設施及舉辦雪祭、雪雕展覽等冬季活動後，已從避暑地增加冬季活動中心的印象，不再是只有半年的活動地區了。

有時候，企業的經營項目，在宣傳上改向另一方向伸展時，可以得到更有利的發展。例如，J. I.凱斯公司長久以來，以蒸汽機關和脫殼機的製造商而出名，大家認為該公司未製造其他的農業器具類。但是實際上該公司一直在製造其他一般的農業工具。所以該公司認為必須設法使大眾知道這種事實，乃在有機會時就強調製造「七十七種近代化農器具的」公司，最後成功地改變社會的認知。

當你遭遇到自己的才能只有一個範疇被認定時，會想到為何不向其他的活動範圍伸展呢。例如有一位以聲樂家和教育家兩領域出名的人說：「我最怕以聲樂家被社會公認，我仍然希望以教育的權威者自居。」他的理由是，每出席教育者集會的場合，常被比喻「正如他能指揮音樂的人」等拿出他的音樂天分。他最後不得不斷念了音樂這一行，來改變別人對他的認知。

6. 語彙的創意

處在世紀交替的高度資訊化時代，我們都體會到資訊對我們生活的影響。資訊牽涉的範圍很廣，如包括語言、文字及各種符號等。這些已成為現代人溝通的主要工具。

人類經過物資缺乏，拼命為生產而努力期間，進入物質豐富而注重行銷來消化過剩物資的時期。創意的產生如上述，似乎也配合這種時期的變遷趨勢，先以組合方式拼組實體和觀念來為增加生產效勞，到了以行銷掛帥時期，則將重點轉為改良方式來求進步或求變化。

但是二十世紀末到目前，資訊科技的突飛猛進，創意在資訊語彙方面的著墨也顯著地增加。但是談及創意的產生時，語彙符號常被忽略，實際上語彙符號自古就是在我們的生活中不斷地出現創意。例如我們的祖先留給我們的名言，名諺語到名笑話（幽默）都是創意的結晶。

* *

語言是意義的載體（carrier），也就是概念的載體，所以語言或文字本身就是創意。

電子計算機出現以後，新的語彙如雨後的春筍不斷地湧出。例如，電腦、硬體、軟體等語彙不必說，有關電腦語言新創的語彙 COBOL 很多人已不知道係由 Common Business Oriented Language 的縮寫創出。

＊　＊

語彙既係傳遞訊息的載體，所以廣義的語彙應包括：符號、圖片、顏色、線條、聲音等，其中符號所佔的分量逐漸增加。

當桌上電腦及攜帶式手機普遍化後，我們的溝通語彙從文字溝通進化到視覺溝通，而過去瀏覽器軟體被即時傳訊軟體取代，尤其是在大眾喜愛的圖片或逗趣表情的符號等新元素加入後，在年輕一代不斷創出過去想像不到的符號或圖片的視覺溝通方式。視覺溝通實際上走到「一圖勝千文」的境界。這是電腦化初期大家沒有想到的商機。

＊　＊

一句名台詞，短短的名言或歷久不朽的名著作，雖然是歷史性的創作，但是觀察新語彙或觀察語彙的變化也隱含著本身就是尋找創意的行為，同時語彙的變化也隱含著新市場，新產品的創意。

＊＊

有人說：「機智是在瀕臨危亡困境時突然產生的創意，猶如詩般的美感，往往在懸崖的邊緣，欲縱未縱的一剎那呈現。」其實機智是應付剎那間的狀況的創意，是在面臨某種狀況時，突然湧出的意想不到的「點子」。這種創意是逼出來的。

有一則《張老師》所述的小故事，其大意為：有一個年輕人剛學會開車，兜風時車子熄火，一直發不動，後面的「運將」猛按喇叭催開。他滿頭大汗的下車，走到運將旁，敲敲車窗，運將橫眉豎目搖下車窗，原以為年輕人是來找麻煩，沒有想到年輕人對他笑道：「先生，這樣好不好，你來替我發動車子，我來替你按喇叭好嗎？」這是運用幽默來溝通化解糾紛的好例子，也是用機智創出的溝通辦法。

＊＊

幽默和機智一樣，雖然大都在特殊狀況下產生的創意，但是我們也可以在日常生活中多應用此類創意，來建立和協的社會。

企管問題除正式課本的講述外，出現以狠招解決問題的「非正統」商業書。例如《黑色領導》乙書中出現大意如下的怪主意：「我們的整體計畫就是在低風險狀況下（不坐牢為準），藉由多樣化的合法和非法的生意組合……賺錢……。」這類書的目的不外以幽默故事或無厘頭漫畫來啟發讀者，以瘋狂選項打破思考盲點，發掘解決問題的線索。

＊　＊

微軟公司的選才已不用正經八股方式，而專問益智謎題般的怪題，其目的也是為公司選用靈活通變的幹才。

雖然說困境為發明之母，但是順境更得設法刺激自己，創造幽默感的話題，以期帶來無窮無盡的商機。幽默等於商機，也是在發掘問題，解決問題。

例如某商業書上介紹的，以秤顧客體重增加多少來計費的自助餐廳，在早餐吐司烙出了新聞的麵包印刷機等怪招。雖然這些都是逗人開心，但是這種幽默感的點子已被台北市和平東路一家素食自助餐廳，以客人選擇菜的重量計價，在日本已出售一種麵包機可以烙印熊貓圖案的吐司機器而暢銷。

所以，用帶著幽默感的嶄新眼光整合，或重組現實條件，比解決難題本身更富樂趣。

7. 感性的創意

二十一世紀是成熟化、高齡化和高度資訊化的社會，在這種社會中，我們追求生活的豐富化應不是滿足量的需求，我們似應追求回歸樸素的生活方式，而對生活上的衣食住行各方面多多融入「感性」才是。

訴諸感性的創意最複雜，有時候可以創造時尚，但是有時候又不得不入潮流，例如，審美感則因時而異，唐朝以肥胖為美，而今天女仕們為減肥而煩惱。

日本流行「高感性（Hi touch）」商品，其意是指以諒解、心意、歡心等來滿足客戶的心理。感性化商品除在語彙方面著墨外，也開始注意到顏色、線條、聲音、形狀等各種符號性表達。這些都是感性化創意的來源。

年輕人的買東西已從購「物」轉移到買「有趣」、「美麗」或「貼心」的東西。送情人的生日禮物也走向個人化訂製的創意，禮品強調純手工製。例如，自己和愛人的指紋來組成可愛的心型。象徵永不分離的圖案，將它印在衣服的胸前或印在馬克杯，既貼心又感性。企業界、社區或學校等團體，除關心對客戶的服務外，以「識別系統」或「色彩計畫」來表達團體形象，是訴諸感性與社會大眾拉近距離的方法。

* *

色彩含有左右我們的志向的要素，所以是很有趣的研究對象。如前面所述，機械的色彩影響勞動力的節省，使勞動者避免危險。但是，今天已超過這些而對美感問題變為主要的訴求，我們瞭解時代的潮流中存在著當時最適當的色彩。

例如廚房、浴室或醫院曾一時強調白色或無色，因為該顏色表示清潔，不易滋生細菌，對健康有益。但是最近訴求美感占上風，慢慢地在浴室、廚房也流行彩色。一百年前如採用粉紅色的房子可能使人毛骨悚然，但是今天已不然。

在衣著方面，服飾的流行除形狀在變長、變短、變寬或變窄外，顏色是年年在創新的主流。

* *

情人節時，巧克力更是商人逢節絞緊腦汁如何取悅年輕人的商品。這種行業在包裝或內含上已很難找到競爭上的優勢，所以感性化商品來取勝成為求生存的唯一途徑。

美國香煙的廣告詞，一時以「長度」為重點。電視中的CM相競以長度來誇張新產品的優點。例如，「本公司的產品新OO牌增長一公分」等等。這類只強調增加長度的廣告，逐漸失去吸引力，所以廣告代理商的奇才女總經理 Mary Wells 採取與眾不同的廣告詞取勝群龍。例如：「抽本公司的香煙看報會使報紙燒一個洞」，「會把談話對手的鬍鬚燒掉（的長度）」，如此以長度的不便來強調香煙的長度，達到奇特的感性效果，使競爭對手措手不及。

＊ ＊

在住的方面，房地產業的訴求，從過去的廉價促銷方式改以生活機能的優劣取代，甚至在成熟化的社會以名人巷、官邸巷或老董巷等，社區設施完整，周遭環境質感的超佳等來號召買主。

房屋促銷的廣告詞已出現，「提供運動、娛樂、養生、舒壓，4 in One的生活享受」。甚至有詩一般的廣告詞，例如：「向水聲行去，卻見蝴蝶擋路」等，這些改變在在表示具有「高感性」的產品才是吸引客戶的取勝條件。所以無論在蓋房子，推銷房地產，不得不注意感性方面的創意。

＊ ＊

日籍名設計師喜多俊之在國際家具及設計業界享有東方「菲利浦史塔克」的名譽。他在國際間露角係融合東方文化和西方的工業設計觀念，在家具設計上採用大膽而有機能性的創意。他在七十年代就以日本傳統的皺紋紙創造燈具迷住歐洲人，再於八十年代以日本傳統的「禪」，融入西方工業設計技術創作多功能椅子「WINK」，該作品至今仍具商業價值，且為許多博物館典藏。

他的作品大膽使用弧形，近年更為減低家電給人冷硬缺乏溫暖的感覺，在作品上融入動物和大自然的要素，予以感性化，例如為 SHARP 設計長了腳的液晶電視 AQUOS 系列，在日本獲得最佳設計（Good Design）金牌獎。

他的作品包羅萬象，小從容器、手錶大到沙發、液晶電視裝置藝術。他的設計觀念為在創作品的空間中融入美的感覺，呈顯平衡協調的氣氛。例如他設計的花系列瓷器，圓弧用的更純熟巧妙，散發出一種寧靜的感覺，遠看如漩渦狀的白色花朵盛開在餐館上，是產品融入感性的傑作。

＊　＊

行的方面，長榮航空以放寬經濟艙坐位號召一般旅客，在跑南北高速公路的客運公司的廣告也看到「可享受總統座」或「有坐商務艙的感受」等訴求來吸引長途旅客。

五、創意的評估

答案就在問題之內

——丁克里許那莫特

1. 創意的評估

轉動世界有三件事情：創意，實現該創意，使該創意受大眾歡迎。我們在做一件事情前，應該對自己問一問，「我是否能做得到？」然後「是否應該那麼做？」。後一句問題在任何場合都是更重要。世界上可以做的事情很多，當完成時，可能會發生疑問「我是否只浪費了時間？」，尤其是創意更需要評估其實用性。

例如，美國海軍部曾報告說：「有兩位熱心的發明家為了證明自己發明的鞋子的性能差一點賣了命，這種犧牲精神救了很多人。」這事實是，他們發明一種可以在極寒地避免海軍或陸軍士兵發生悲劇性損害的禦寒鞋。該鞋在外層和內層中間設空間，能完全防水防寒，但是業者認為此類鞋子在產業上，沒有製造的價值而拒絕生產。他們以手工製造初步的樣品，然後委託某公司製造。

這種鞋子的性能如何？他們二位為了證明它，穿上該鞋和自己發明的禦寒衣，在極寒的惡劣氣候下，登上新罕布夏的華盛頓山。他們在山頂的避難所待下十小時，十五小時後下山。結果這類鞋子的性能被充分的證明，不久在韓戰時被採用，兩位也獲得民間功勞獎。

通常你最初想到的某種事物多少帶一些弱（缺）點，所以需要各種創意來補強它。因為只想到一個創意是不充分的，應該可以想出更多的創意來補強它。只要你夠聰明該創意不會消失，而且創意的發現應該是連續的。

當然，對不成熟的創意應避免浪費不必要的精力，因為有時我們會為了不適合當前社會的創意而在大費周章。

社會上有一種不可思議的情形，有一種人雖然有充分的精力，且有積極的意願，但是不去實行他的創意。此類人猶如火車頭的蒸汽十足，但是一直停滯在等候線上。這類人常對無關緊要的瑣事花費精力，甚至對尚未十分完成的創意花上徒勞無功的勞力。

總之，我們應檢討是否可以將初步的創意更單純化，以期使我們要走的路更順暢，此時我們應檢討評估：①這些是否真正有助益？②大眾是否接納它？

此二項都屬於創意的評估工作。在進行評估工作時，我們也應同時考慮如何推銷創意的工作。創意的目的如前述是〝利己利世〞的，事實證明過去很多創意利世後就能利己。雖然如此創意仍需靠推銷才能達成目的。

所以有時候評估和推銷工作可以同時進行，使創意更容易在大眾面前浮出，才能真正達成我們辛苦創造事物的最終目的。

2. 評估是否有助益

我們想出的事情是否有實用性是很重要的問題。二次世界大戰時美國有一位奇異的發明家提議，派飛機到德國從空中撒水泥將納粹的戰鬥機以水泥固化。也有人建議以超大型風扇把敵人的空降部隊吹走。

但是也有，原來不為人理會的事物，後來成為非常有用的東西。例如在第一次世界大戰期間，英軍訓練海鷗跟隨德軍的U型艇船，可發現其蹤跡。又，某業餘發明家想到從飛機撒下塗上燐的賽珞小片引起火災。

需要複雜構造的機械或大型結構的創意，可能需要龐大的資金來完成。這種東西理論可行，但經濟上不一定可行，需要有人負擔風險。

有人說：「有一類人會想出無法挑剔而且非常有用的東西，但是不會想到為了完成它需要龐大的經費，也就是實用性很低，所以對某一創意要評估其實用性並不是容易的工作。」

假如有人發明很優秀的機械，公司使用它每年可以節省十萬元。但是裝設該機械需要二百萬元。該公司需以借款支應改裝工作，每年利息和折舊達十萬元以上，那麼是否有必要改裝設備呢？

創意人的工作之一是包括從自己的計畫中刪除「臭蟲」—即不利而有害的部份。一般的創意總有些待刪除的缺點（臭蟲），而最有效的驅除方法就是做實驗或試驗。

美國某企業家雖然在開業後十幾年將其製造糖果的事業以高價二千餘萬美元出售，但在初創時則遇到種種問題。例如糖果中的薄荷會溶出，更糟糕的情形時香味在紙箱中消失，而移到紙箱裡。他們塗上鋁薄的紙箱解決了問題。

有一位科學家在年輕時，想發現永久運動的秘密，但是經過詳讀物理學後，承認自己的想法是錯誤的。

亨利福特曾譏笑：「社會上有一批聰明人，大力聲稱汽油引擎無法與蒸汽機關相比。」福特做了多年的蒸汽機關的研究，得到的結論是蒸汽機關過於笨重，不符合自己的目的。他最後研究出在重量方面相比較下，更強有力的汽油引擎。

寶鹼公司在肥皂製品中留了「臭蟲」，獲得消費者的喜愛。目前以象牙肥皂（Ivory Soap）而著名的肥皂完全是在偶然的機會產生，並不是從初就計畫製成可浮在水上的產品。該公司在製造肥皂時，工人不小心在未關掉攪拌機的情形下出去吃中餐。因此發現越攪拌在肥皂中留存空氣越多，而這種肥皂如軟木會浮在水上，因此大受歡迎。

3. 大眾是否接納

一種計畫，雖然不是即時，但是結果仍得考慮對大眾有多少貢獻來評估它。一種計畫雖然有周全的思考，經過多種的實驗，如果不具有某種意義，大眾是不會認同其真價。

創意面臨的問題是，大眾是否對它有好評？更重要者是後援者是否支持它？製造業者或銷售業者是否願意接納它？最重要的乙項是最終消費者是否歡迎它？

有人說：「很辛苦去推銷不受歡迎的東西，並不是聰明的賺錢方法。如果對顧客，能以東西的有用性來推銷時，這種促銷就比較順暢。這種原則對推銷有形的物品和無形的商品（股票或銀行信用等）都適用的。」

但是，大眾的心理是很有趣的，與特異性東西比較，更喜歡常識性的東西。與變革性大的創意比較，一般的人更喜歡瑣碎的創意，而這類創意也比較容易普遍化。

例如，發明家P.麥克維尼和學生在一九八〇年代末發明光琴。這樂器以琥珀色壓克力和黑色鋁材製成，會感應人手的動作，利用一組鏡子和光學感應器，將光線和影子轉譯為合成電子音樂。當時光學感應器短缺。一具光琴的造價高達九千美元，市場沒法接受。只製造了八具，就從市場消失。今天雖然感應器便宜很多，可惜，麥氏已資金耗盡只待有意者接手製造。

汽車的自動排檔並不是流行於世界各國。在歐洲工程師研發自動排檔不久就放棄研發，其原因為當時在歐洲僱用司機開車的情形較普遍，而職業司機仍以操作變速檔「視為」他們的任務。相反地，在美國汽車都是所有人自己開，連主婦、小姐們也不例外，所以在一九一一年發明自動排檔後很快就普遍。

對大眾是否接納可以採取種種測試方式，試賣、問卷、廣告和寄發介紹函等均屬可採取的方法，但是這些方法一定要考慮如何得知大眾的反應。

例如 Time 雜誌社曾對顧客寄發巧妙的介紹信，該信對訂購該雜誌有很大的誘惑力，使你不知不覺地拿起筆簽上訂購單。該社也採用另一種很特別的創意來測試寄出的介紹信的反應情形，也就是同時寄發一定數量的不同種類的信。在數週後以回信判明那一種信的效果最好。該社另一方面也將採用不同內容的信的樣本，送給學生請他們猜哪一種最有效果，猜中者贈送 Time 雜誌若干期的方法。能猜中者為數不多，所以免費贈送的負擔不大，但是該社已獲得很有參考價值的結果。

4. 創意由誰評估

大部份的創意或製品應該經過其實用性或商品性的評估，評估的主要目的是測試大眾是否願意接納它。那麼如何試驗呢？又創意或製品由誰來評估呢？

①親朋呢？

其實兩者都不適合，因為朋友或親戚通常只會對你所想出的東西給予好評，或相反地給予貶值。

朋友往往做禮貌上的回答，尤其是東方人的朋友習慣上回答你喜歡聽的情形。所以朋友或親戚不能做為求證的對象，因為他們容易受你的感情的左右。

有一位年長者和一位少年談起就業問題，該少年在參加很多富裕會員的某大學社交俱樂部，有的會員已在該少年喜歡的職業上找到工作。所以年長者建議為何不在該會員所屬單位就業，這是一個機會呀！該少年的回答是NO。少年的理由是他們太熟悉我的情形，雖然該少年人緣不錯，但是他知道社會的朋友關係或親戚關係複雜性，這些人在不發生的問題時才是好朋友和好親戚。

②專家呢？

創意的評估有時連專家也會發生錯誤。但是不做任何測試是不可能下評論的。美國著名的廣告業者，A.歐史朋曾說：「位在經營要角的人應注意當有人最初浮出創意時，不宜對該事貶低使他沮喪。」該氏期待自己的職員提出創意，並開設創意的諮詢處聽取任何種類的創意。他又說：「社會上有些人對他人的創意，當面說的一文不值，並列出各種行不通的理由，我不同意這種做法，應擱置批判先予以記錄起來。」

創意的評估有時候成為：不能盡信專家，但是又不得不由專家評估的矛盾情形。所以，此時可採取暫時擱置批評，予以記錄起來，等待其成長。

③自我評估呢？

一件事能成功的確率雖很小，但是可能性卻很大。因此對創意的測試評估是落在自己的雙肩上，應由自己本身去挖掘很多解答。

假如你在企業界而必需提供各種創意時，下列各項的評估方式值得各位參酌辦理。

- 能否增加生產？又能否改善品質？
- 對勞力的有效利用有無幫助？
- 對勞動條件的改善有無幫助？
- 對現在的工具或機械有無改善？
- 對作業的安全性有無幫助？

● 對防止資材的消耗有無幫助？

● 對生產費用的抑低有無幫助？

● 對事務效能的提昇有無幫助？

假如對上列任何一項能做肯定性答覆時，可以說是建設性的創意。

某大型電氣公司，在推出新製品後，繼續做「價值研究」。他們對某機械用一個三千美元的開關發生疑問，因為一個十元左右的開關很普遍，而兩者都具有通電和斷電的功能。因此繼續評估兩者價格的差異原因為何？原來使用的開關是否過高？用較便宜的開關是否仍能充分維持原來的機能？

美國田納西州的一家玩具製造業者，想將自己製造的玩具利用小學生測試被接納的情形。小孩的心理有時大人無從瞭解，大人認為被接受度很高者，卻在玩具店長期無人問津的情形很多。該老闆說服某小學的校長，開了玩具陳列會。將自己的玩具和其他業者的玩具混合陳列，給每位小孩一美元去購買，假如有半數以上的小孩選擇自己製造的玩具時，可確定該產品被接納，可以進入量產。

為什麼需要這種測試呢？其理由是可以用很少的測試費來避免巨大的損失。我們應避免如美國作家馬克．吐溫傾了全部財產去開發自動植字機的失敗故事。試驗應盡量少花經費，同理對準備研究也不要花費太多。美國政府在大戰期間就遵守這種原則。在飛行員的訓練如以實際的大型轟炸機操縱時一小時要二、三百美元，如使用模型訓練一小時只要花二、三十分錢。

④由大眾評估？

大報紙有時只多收若干加計費來提供廣告主刊登二種試驗性的廣告。此時商品在同一報紙出現二種廣告，如稍作設計可得知讀者看到那一種廣告後的回信，依此可獲知那一種廣告的效果較佳，作為以後的參考。

美國的周刊雜誌Time創刊的創意為，大家認為是負擔者改變為資產。當一種雜誌創刊後，能為社會認定，需要龐大的資金。但Time以不浪費讀者的時間為原則發行頁數少的雜誌，其中的記事摘要在二、三分鐘可閱畢的程度。這是發行人亨利．盧斯的輝煌創意。關於銷售方面，他的創意也是將經費抑低到最小限度。他相信最後購讀者和廣告主都會同意他的原則，所以創辦初期，獲利並不多，但是今天該雜誌已從小雜誌擠身到一流的雜誌。

總之，大家在想創意，然後測試它，證實它。但是不要忘記評估它是否有用？是否人人歡迎它？最後也是最困難的乙項就是如何向大眾推銷？

六、創意的行銷

成功的六字真言：「想通了就去做。」

——愛德華・瑞肯貝克

1. 創意的成功靠推銷

發明河川的外輪式蒸汽船的羅勃・富爾頓，在試航成功後，自己寫信給報社，希望能刊登這消息。因為當他試航時，大家以為這種創舉一定會轟動社會而報紙應該相爭登出試航的消息。很不幸，該消息被默殺，所以富爾頓不得不自己撰稿請報社刊登。結果該消息被刊登在不起眼的角落。

喬治・史蒂芬森的偉大業績是發明蒸汽火車頭，但是比此業績更偉大的事跡是他成功地向某企業推銷蒸汽火車頭，代替當時流行的馬車鐵路。

一九〇三年萊特兄弟完成歷史性的空中飛行，他們隨即向政府打聽有無興趣做試航。所得到的回應是，所需經費太多。實際上政府下決心購買飛機是延了很久。

目前在電影院欣賞「有聲」電影是當然的事情，但是我們都不知道有聲電影的出現的故事。當時的大企業貝爾電話公司雖擁有龐大的資金，要推銷一種創意好像是輕而易舉的事情。貝爾公司創造了價值數千萬美元的有聲電影機，但是被好萊塢的業者如趕走不三不四的明星志願者般拒絕在門外。最後有一位西部的電話專家在紐約看到其實際表演，才說服S.華納去參觀。結果華納對該設備大感興趣，雖然其他的電話公司希望該創意歸於失敗，但是華納公司把創意成功地實現，改變了電影界的經營型態。這故事表示大眾所歡迎的創意，有時未能獲得仲介者的好評。

以上的故事並不是想對創意人澆冷水，而是要提醒各位最後成功的創意人在初期也會遇到種種困難。你們擁有的創意，社會上的大眾不一定願意去認知它。換言之，要靠自己去推銷，成功的創意人是能克服橫在自己前面的障礙的人。

部份剛畢業的學生雖然有優異的腦筋，但是在出社會初期，仍然會失敗，其原因是他們缺乏面對現實的能力。當他們以所學的知識出去社會實踐時會感到困惑，尤其是從事設法使對方相信自己公司的製品是最優異時更覺得為難。有時候已將對方迫到最後一步時，不知道如何使其「投降」的竅門，這批人不知道完成困難的工作時的喜悅。大家要知道社會上一般的雇主只歡迎能處理難事的人。

未受到社會的注目，或未被大眾接納而消失的優秀人才很多。假如汽油引擎比蒸汽引擎先出現時，可能發生不同的社會變化。

某公司開會檢討創造性的問題，參加者大部份為技術部門或製造部門相關人員，對發明工作是最拿手的人員。但是總公司派來的高級主管卻說：「不要忘記我們的存在，我們是要銷售產品的。所以我們更需要創意，更需要銷售方面的創意。」這一句話表示，為了自己本身的創意能為大眾認知，更需要如何推銷創意的「創意」。

已故英業達集團副總裁溫世仁，從台大研究所畢業時，帶著剛完成的台灣第一台迷你電腦，與同學談起共同創業，一起奮鬥實現電子計算器大廠的夢想。嗣後他與同學搭配成立三愛電子，再為完成自己的理想離開三愛成立金寶電子。最後到理念相投的英業達公司發揮其專業和宏觀視野，而將英業達從初期的經營艱苦帶到六家集團的大公司。這是自己的創意和理想，一步一腳印的經營，創出大事業的佳例。

初期他們幾位夥伴經常提著皮箱裝著樣品到國外找客戶，穿梭在國外的電子展會場，只要是外國人就上前推銷。在這樣艱苦情況下硬拼出所謂的台灣奇蹟。所以，自己的創意，只要有信心，肯用心推銷，最後可以成為一大事業。

總之，我們應隨時問自己，你有什麼種類的創意？你想要完成者是什麼？很奇怪的，大部份的人都沒有明顯地掌握自己的最終目的。他們常常沒有目標的對空開槍，而期待能「歪打正著」地擊中獵物。

2. 向大眾推銷的方法

創意中有的是創意人覺得非常重要的發明，有的是適合在廉價商店出售的瑣碎小品，又有的是偉大的著作或藝術品，也可能是只可以補貼家用的小品。所以創意的種類和範圍是無限的，可以小到迴紋針，大到原子彈。

那麼如何去實現自己的創意呢？各人有各人的秘方，例如：

第一個人會說：先公開。

第二個人會忠告：要有推銷技巧。

第三個人會說：要做廣告。

利用這「三種做生意的秘訣」當然成績會逐步上昇。不過，在仔細考慮細節前，最重要者就是，把創意與大眾見面，獲得他們的認知。社會猶如擁抱任何事物的大海，有的東西會浮在上面，有的東西卻沈在深海裡。所以你創造出來的事物應設法使它浮出，使它比其他事物更能引起大眾的注意。

初期，社會可能很冷漠，甚至討厭你或你的創意。要改變社會的這種態度，只有積極地說明其效用。積極地說明，不管採用宣傳方法也好，推銷技巧也好，應該要有最後必能成功的信心，對大眾再三地說明其效能。不過要記得到成功的過程是很費時間的。

某出版業者有一天巡視倉庫時，看到一堆新書被堆置在角落，經查詢才知道是某女士所著關於禮節的規矩。該業者決心以獨特的宣傳方法將該書促銷。其結果產生了禮節規矩的權威E.伯士特。如果沒有該業者的推銷創意，伯士特可能不留任何業績而被埋沒呢。

任何事情，只要在廣告或宣傳方面花錢，都可以獲得大眾的認知。但是這種方法並不保證是划算的。例如，花了二十元促銷，只能以十元銷售時，會迫你走向破產邊緣。一般而言，能以成本以下銷售係表示能以大量生產來降低該成本為前提，以打折促銷只能帶給我們悲劇。

想出創意的最大的目的是能夠維持有利潤的狀況下出售。老店舖通常知名到可以在價格競爭的圈外生存，所以新手在此方面必須要有特別的創意。

新手可以對產品以附加某種特別的東西，來跳出價格競爭的圈外。解決這類問題有下述典型故事。那就是魏士多博士所創案的經過包裝的牙刷。現在的人恐怕已沒有，從店舖貨架中林立的牙刷堆找一枝自己喜歡的牙刷的經驗。在此種過去的銷售方法時期，該博士提案一枝一枝包裝來強調其衛生性。結果該牙刷銷售成績奇佳。

這種對東西以包裝來強調衛生性，是非常好用的創意，讀者也可以即時想到很多商品可應用此法。此法給我們的啟示是，能使事物成功的原因在於加上小小的技巧而已，亦即在商品計畫或廣告計畫加上最後的臨門一腳的創意。

假如對自己的商品想銷售得更好，應在宣傳文的文句上做各種變化，然後隨時檢討其效果。或者對商品本身設法加上吸引的因素。

例如，統一企業公司的便利商店 Seven eleven 曾採取利用小小的「迪士尼經典公仔」贈品，向小朋友促銷商品。贈品的形狀是不及二公分的「公仔」，卻以精美的小盒子包裝，憑購買該店商品，以隨機抽取方式贈送。並聲明集齊一套有四二款來吸引小朋友間的收藏競賽，同時以台灣珍版的限區域增加附加價值。這種贈品方式，一時間使小朋友要買飲料、點心時，自然而然地指向該便利商店。

一個創意要使其實現，需要加上小小的創意，不管它是很簡單的，仍可發揮充分的效果。

3. 提案制度的利用

有了創意的同時應找到利用它的人，這是創意人面臨的問題之一。當然最有可能的利用者應該是自己服務的公司。不過也應以該創意對公司有幫助為前提。

所以很多公司都採取提案制度處理員工所提出的創意，並給與適當的報酬。美國海軍部效率評審委員會的委員長F. E.雷特曼說：「假如科學的專家們對其屬下給與精神上的支援，其成果應遠超過我們的期待。其結果任何必需的製品可以很合理的低價生產，職工也相對地獲得更多的報酬。這就是我們提倡的產業上的和平體制的一面。」

他又說：「第二面，比第一面更重要，這個事項是滿足職工的人性上的慾望。有人稱這種慾望為感情的或精神的慾望，不管如何稱呼，我相信大家都瞭解，與個人的肉體上的努力相平行，應鼓舞其精神上的努力。假如產業界、商業界和政府的高階層，對自己的員工或屬下，培植他們也對經營上的問題有參與感，又有關問題的解決的責任負了某種角色時，可在彼此間的信賴和協力關係結合成鞏固的『臍帶關係』。」

有一位從企業集團退休的員工接受訪問，談退休後的感言時說：「在職時參加多種經營改善小組之類的工作，有時獲得獎金，有時獲得獎牌或獎狀，但是退休後看一看排在客廳裡的那些紀念性獎牌獎狀時，才會引起美麗的回憶，也感到成就感。」

很多公司或研究所擁有熟練的工程師，但是他們很容易忽略一種很大的可能性，那就是比能幹的研究人員或細心的監督人員，平凡的普通職工，實際上會產生更多的寶貴創意。西屋公司的副總G.A.普萊斯說：「實際從事工作的職工，站在改善該工作的最佳立場。」西屋公司對各種創意計算可節省的成本並給付獎金，累積的總金額一直在增加。由此可見提案制度活用的成功。

以金錢作為報酬者，其大小視公司的性質或作業規模大小而定。小公司和其製品能被廣泛應用的大公司比較，無法產生太多的節省，但是仍可以對創意給與相對的報酬。

有些公司對優秀的創意提供者，支付因為該創意所獲得的第一年的淨利潤的半數，或如需要投入龐大資本時，支付因此而獲得之總利潤的百分之十。

例如某女士認為在紙條複寫文字後貼上信封很浪費時間，乃建議直接印在信封上，該女士因這項提案獲得比月薪更多的獎金。

某公司的工長發明切肉機獲得約月薪雙倍的獎金。某鐵路公司的臥舖車的工友想到節省毛毯和清洗工資的創意拿到等於週薪的獎金。據華爾街日報的報導，因提案制度得到最高的獎金者為某公司對其鑄造工想出的製造黑鉛承軸的新方法給付近年薪的獎金。

自我訓練

依照自己的性向去發展，
不要管別人怎麼說。
——馬克斯

一、創意人的培養

㈠概述

1. 培養火候

有一本寫詩的入門書敘及：寫詩雖然懂得分行、分段，運用節奏，也了解如何掌握主題，選擇題材，然不能寫出好詩。其原因在於缺乏「火候」。什麼是火候呢？簡單的說就是一種修養。

該書對於如何培養「火候」，提出下列重點：
第一要有「敏銳的觀察力」；
第二要有「豐富的想像力」；
第三要有「豐富的知識」；
第四要有「優美的感情」；
最後，「成功屬於有恆的人」。

詩的生命是感情，寫詩在創造感情，所以寫詩人也是「創意人」，其所需要的修養（＝火候）也值得做為一般創意人的參考，因為創意人在創造事物，也必須培養上述各種火候。例如：

△關於觀察力，創意人應注意周圍的事物，養成時時觀察，處處留意的習慣。

△想像力就是思考力，透過這種潛力，在平凡的事物中找出奇特的性質，在死板的事物中找出活潑的元素。

△有豐富的知識，創意人才能發揮求變心，古人說：「讀萬卷書，行萬里路」，如果不廣泛涉獵知識，增加見聞，將陷於窠臼中打滾，即使有再好的思考力也無法創出新意。

△優美的感情是生命的潤滑劑，創意人培養優美的感情才能使自己的生命更完美、充實，才能創出大眾能接納的正面事物。

△創意是屬於有恆的人。一種創意往往是成功的一部份，不停的向前推進思考，才能得到最後的成功。

2. 創意人的基本心態

創意人在培養上述火候中，需要幾種基本心態：①保持積極的態度②發揮熱忱的潛力③善用積極的想像力和④培養幽默感，茲分述如下：

①保持積極的態度

有人說：「創意沒有什麼撇步，謹記二個字『用心』而已」。這表示要成為創意人應先培養自我肯定的態度，你的身高、臉型不能改變，但是態度卻可以改。積極的態度可以透過適當的訓練培養。如果你的態度不夠積極，可以改善；如果你的態度本來就不錯，可以變為更好，那麼如何調整自己的態度呢！當然靠自己的毅力。

②發揮熱忱的潛力

勤和惰代表後天努力的狀況，巧和拙意味先天才能（天賦）的高低。努力影響才能是否能悉數發揮出來，達到潛能限度的最大效果。

如何才能使一個人不斷努力，是靠個人對事物的熱忱。熱忱使你更有效運用天賦。熱忱的意義就是把內心一切與人分享，它使你即使想放棄，仍能繼續努力。熱忱給你勇氣和意志去面對追求成功所必須承擔的風險。

我們都知道創意所面對的環境好像賽場或商場，你想出的創意有時不會即時得到大眾的肯定，而需要創意人以熱忱和耐心去克服障礙。

③善用積極的想像力

創造積極想像需要努力和自我肯定，跟創造消極想像其實不分軒輊。但是負面想像拖累你無法前進，而積極想像帶領你進步。不停的自我肯定可以使人積極思考。

例如，日裔美國作家R.清崎在其風靡全球的《富爸爸　窮爸爸》乙書中敘及：我的兩個爸爸都有心教我，我不得不去思考兩人迥然不同的意見……

一個爸爸說：「我買不起它」，另一個爸爸說：「我怎樣才可以買到它」；一個是陳述句，一個是疑問句；一個叫人放棄，一個促使你想辦法；一個教我寫一份出色的履歷表去尋找好工作，一個教我寫下專業規畫和財務安排，創造生意機會。

窮爸爸努力攢錢，一生仍陷於財務泥沼中；富爸爸不斷投資，最後成為有錢的人。

④培養幽默感

幽默感能產生積極能量，學習放輕鬆是自己加油的重要一步。創意是堅苦而枯燥的工作，有時候要過著如拓荒者的生活。那麼如何才能在這種環境下堅持下去呢？除上述的積極的態度和熱忱的心情外，以幽默感來調劑生活是創意能放鬆心情儲備能量的途徑之一。

創意的來源如上述隨時隨地隱藏在我們的身邊，它等待有心人去發覺、找出。所以創意的首要步驟就是「觀察」，觀察力是自我耐心訓練出來的。

任何訓練的關鍵在於培養，也就是在於習慣成自然。創意人的培養方向包括：啟發觀察力、思考力、認知力和理解力等。然後以這些能力去孕育創造新的東西，或和日常生活結合，用於解決問題，擬定決策、處理業務和建立人際關係。

讀者也知道創意除少數獨立存在沒有任何延續的東西外，大部份的創意是經過努力的累積才能期待有結果。所以有心人應自我培育如何累積各種觀點、常識、知識和經驗，以這些作為創意的材料。

本章要提出的創意人培養法，雖然以啟發觀察力、思考力、認知力及理解力為中心，但是很難明確地分類，故以筆者過去所聽到，所看到的故事為實例，透過實例介紹如何培養創意。首先介紹觀察力思考力和語彙能力等基本性創意的培養法，然後介紹如何在商場上、職場上及生活上等不同領域的運用方法。

這些故事雖係個別獨立的，但是所提培養內容仍有其互相關連或互相支援關係，讀者可以視自己的需要組合應用。

總之，創意的培育法很多，但是靠自我意識的成分較多，故建議設計適合自己的培養計畫。

(二) 觀察力的培養

1. 如何培養觀察力

有效的觀察是找出某一事物的特異性。也就是注意到某一事物所具有的真正的意義，或特徵，或有什麼與普通不同的地方。

為什麼這棵樹能成長，而其附近的樹卻枯萎？為什麼這間房屋的油漆可以保持良好的狀況？為什麼這棟公寓出租率很好，而對面的公寓卻空房很多？為什麼某些連鎖咖啡館客潮盈庭？這品牌的飲料為什麼特別可口？為什麼這本書能以二十元出版？為什麼這種實驗產生的結果與想像不同？這種新產品的特質是什麼？

對這些疑問能找出答案時，你們已經對於配合自己的需要應用這些觀察結果進行創意踏出第一步。當你熟練這步驟時，不但可以獲得眼前的利潤，在腦中可累積很多貯蓄，適時可以產生各種創意。

一般的教育在此方面並無建樹，因為授課只以無秩序的方法將沒有價值的東西添滿腦袋。真正重要的事情是，應將我們訓練成為隨時能將需要的事物想出來，亦即我們的記憶應該像電腦的資料庫，當需要時能隨時拿出來應用。

只要隨時有問題意識，腦筋應能立即為正確的應用而活動。假如事先充分理解潛在意識運作的過程時，相信潛在意識參與應用過程幾乎沒有困難。如前述創造係經過有系統的過程，所以假如我們忽略了這種思維過程的知識，想要啟動思維就會感覺困難重重。

創造是觀察，然後思考觀察所得之特性如何應用。如K.趙達說：「如果觀察得宜，就可以發現隱密的事實。」德國的物理學家W. C.倫琴在偶然的情形下將自己的手放在真空管和映幕之間，發現自己的手的骨骼可透視到，也就是當時做了螢光鏡試驗發現，利用X光線並以底片代替映幕，可將骨骼的影像保存下來。

利用X光線殺癌細胞是根據另一觀察而發明的。X光線的初期實驗者，觀察X光線的可怕的燒殺力，認為既然很容易燒殺普通的細胞，則沒有理由不能殺癌細胞。與此相關連做另一種觀察，也就是觀察到一種可怕的力量，就是細胞具有迅速再生產的能力。這情形表示一種應用可以陸續產生新的應用。

觀察並不具有什麼魔力，不過是單純的發現某一種事物而已。我們應充分利用它，將周圍的事物用自己的五官去感覺它。看，眼睛可所映到的。嗅，可聞的氣味，試可嘗的味道，聽可聽到的聲音，碰可接觸的東西。我們的五官並不是不可思議的東西，利用它所以有困難是因為被不必活動五官的例外事物所困惑而習慣化所致。

我們應對自己眼前的東西是什麼，養成必須去探討的習慣。吃米飯和喝牛奶時，應實際上去感覺它們的味道。對音響流出的音樂應仔細傾聽。對野生胡蘿蔔的絨毛的柔軟性要仔細地觸摸它。（第二次世界大戰中有人從此種觸摸中發現它可以代替真綿）。咖啡的醇香也要好好地聞它。

茲列舉培養觀察力有幫助的方式如下：

①以邊散步邊看的方式觀察可看到的任何東西

例如觀察建築物、樹木、花草、汽車或行人，然後隨時以自己所關心的對象，尋找有何顯著的特徵，思考該特性可以做什麼應用？

②對所關心的事物從外側做調查

例如對街上某一咖啡館有興趣，則從建築方式或店面布置等角度探討，可發現多少有關該店舖所採用的事實。

③對所關心的事物從內含（應用上）做調查

例如為什麼小孩對某種漫畫書特別喜愛？該書內含的優點，能否應用到其他書籍？或現在的漫畫書有無可改良的餘地？

④選擇你最關心的範疇，進行相關的觀察

例如你從事某種事業，則詳細調查附近相同業種最成功的案例，探究其成功的原因。又，你對著作有關心的話，請選擇二、三本暢銷的小說閱讀，然後調查其為何成功。或選讀月刊雜誌，調查主編以何種觀點選刊其中的論文或故事。

總之，我們應養成親自目睹事物的習慣。看，這一件動作是提供我們最值得觀察的地方。無論在用餐時，散步時，逛街時，應養成隨時尋找創意的習慣。產生創意的有效捷徑就是找出輝煌的成功案例，探討其成功的原因。有時候，找出「大失敗」的案例，並探討其原因也是很有幫助的。

2. 觀察的角度

對某一事物的觀察，受個人主觀因素之影響較大。個人的生活背景、學識、修養，乃至於個性都是影響的因素。

記得有一則關於推銷員的小故事，對非洲鞋市場之前途，一認為土人不穿鞋故前途不樂觀，另一認為如能使每人都穿鞋豈不是一大市場嗎？這故事可以作為探討行為科學問題之案例。也可以作為探討人性問題的案例。但是作為探討一個人觀察某一事物的影響因素也不失為佳例。

談到印度就想起，沒有褲子穿，但是仍積極研究發展原子彈的國家。印度的另一特色為視牛為一聖物，因此因牛而存在的怪現象很多，認為牛不能殺，因此有牛社會的「高齡化」問題，為收養老牛而開闢「養老院」或牧場等等。但是牛可以在大街小巷逍遙，而產生的牛糞問題，對初到印度的人也是奇觀。如我們到印度後撰寫觀察報告時，以目前的常識，可能從環境污染，現代化角度去著手。日本有一篇報告，其報導之角度與眾不同，其內容概略為：

依世界銀行一九八一年春發表的印度經濟，全印度能源消耗量「動物的糞」佔九．

五％。據統計在印度牛的頭數約一億八仟萬，年可排出一億噸的牛糞，其中七千三百萬噸做為燃料利用。

農業專家認為此種牛糞之利用法太可惜，如能作為肥料時，可以改善土壤，提高穀類的生產量，進一步可以節省化學肥料之代價。

但是，改用木炭可能破壞森林，如以石油或煤代替時，勢必增加能源成本，尤其是全部改為燃料油時石油的進口額將大增，印度的國家財政可能在數日中就會破產。

每人的石油消費量如將日本人以一〇〇單位表示時，印度人為二單位左右（英石油統計報告），牛糞的影響力由此可窺知一斑。

對牛糞的觀察報導，可大可小，觀察角度變化之大尤對我們有很大的啟示。

企業管理常提的「腦力激盪」，可能就是希望由更多的人，不同背景的人，從不同角度提出怪「點子」，作為企業突破現況之契機，或作為企業提高競爭力的活力來源。

3. 洞察力的培育

在資訊學中，資料和資訊兩個名詞有明確的劃分。資料是指表示某一事實的數字或文字，如資料為某一目的而使用就成為資訊，或資料經過解釋或組合來表達某一事項時始成為資訊。

人類擁有的資料愈來愈多，但是如何將其變為有用的資訊就得靠個人的能力。同樣的資料經過不同的「分析師」去解釋就可能獲得不同的結果。下面有一個實例可供參考。

假如有人問及，韓國和越南除了屬於亞洲國家外還有沒有其他相同之處？大部份的人可能回答：很難找出相同的地方。

日人作家司馬遼太郎氏在其歷史小說中認為，從歷史和地理環境看，兩國「非常」相似。其論點的內容概略為：在七世紀初。我國的隋唐完成統一的帝國。對近鄰產生了很大的影響。在日本有大化改新，採取中國式國家（律令體制）。當時與隋唐帝國相連的朝鮮半島是高句麗、新羅及百濟三國分裂的局面，由於新羅和唐朝聯合征服百濟和高句麗後統一朝鮮半島，但是唐朝於六六九年在高句麗的舊都平壤設安東都護府以期控制該地域。

在同時期（六七九）年，唐朝在目前的河內也設安南都護府。越南和朝鮮半島雖然採取中國式國家的過程略有不同，但是一直到朝鮮的李王朝被日本侵略，越南的阮王朝被法國推翻前，兩國的國家體制、官僚制度及知識階級制均受隋唐的影響，成為統治國家的有效工具。

假如不是日人司馬氏之上述解釋，相隔遙遠的二地，恐怕很多人無法瞭解文化背景有很多相同的地方。

由上述例子可以看出，如使用者具有敏銳的洞察力和分析力時，企業從會計等內部資料可以「解釋出」相當有用的資訊。這也是在企業管理中，經營分析或財務分析成為重要工作的原因。

企業內部之培訓計畫，如從訓練資料整編人員提昇為培養具有洞察力的人才，相信該企業一定有更多的創新產品，而在市場的競爭力也能隨著提升。

4. 找出病源

經濟日報的副刊（八十年六月廿一日）曾登載，國策顧問趙耀東的看法：臺灣的社會文化變成「速食麵文化」，這現象瀰漫於政治、社會、經濟、甚至學術界，不是想一夕成名一夕致富，就是想一夕間爭取到權力，這種速食麵文化帶來的災害相當嚴重。

筆者曾經閱讀日人作家司馬遼太郎的報導小說《關於人的集團》乙書有一段批評華僑的文章，其大意為：越南在一九七三年美軍撤退以後，日本的商社與華僑做買賣的情形很多，在越南民族資本（越南人的資本）並不成熟，因此透過既有的資本主華僑進行貿易才是捷徑。但是一般華僑缺乏為了國家（僑居地國）百年大計而運用自己的資本的思想。日本商社在促銷整廠輸出計畫，提出興辦工業的構想時，華僑通常首先考慮投資的收回，對於工業，尤其是重工業等遠大的計畫並不感興趣。對於製造塑膠水桶等簡單的商品的工廠較會動心，甚至對輕工業的投資通常還會詢問：「能否在一年內回收？」，假如回答是否定時則興趣缺缺。

又，華僑對於資本是屬於個人的思想根深蒂固，很難理解現代產物「法人」的存在。……………………

清朝末期後中國一直無法現代化的原因之一就是這種「買辦資本」思想。中國商人一直成為外國商人的爪牙，不考慮自己國家的利益，只想如何獲得個人的利益，這種做法就是買辦資本。資本主義未發達的國家想要擠進世界性的資本主義大海時，易於產生這種買辦資本，最後使國家陷於滅亡之途。

將這三篇文章連在一起看時，好像給我們想到現代中國人的「時病」，但是能否依此即下結論這些就是我們中國人的「通病」呢，如此做當然太草率。對於一些問題，應觀察更多的資料，以「同中求異」或「異中求同」予以演繹或歸納，才能找出真正的病源作為思考創意對策的依據。

5. 多層次的觀察

年輕女士所使用的皮包已流行長肩帶而柔軟質材，因此在擁擠的公車上，或上下車時，背在肩上互相擠擦時也不得事，與以前的金屬開口，硬質真皮的短帶皮包比較感覺上舒適很多。相反地，男性提著旅行箱型的公事包，在上下車就覺得礙手礙腳。本質上小皮包、公事包的設計本身並無不當，問題在於使用的方法，但是假如不期待適當地使用時，那麼也可以歸罪於設計。

如將話題從這些當與不當問題轉到安全問題，就想起新型的汽車。過去大部分的汽車的反視鏡係安裝在車前，但是目前均裝在司機座位的旁邊。如反視鏡從車身突出很多，在狹窄的巷道就會妨碍通行，在停車場有時因而不得不側身通過，對駕駛人而言，為確認後方的情況，當然視線的移動越少越好。又，車上的玻璃加上墨色使外人無法看到內部的汽車已在街上行走。為何要蔭蔽內部不得而知，但是從交通安全看似值得檢討。首先無法判斷駕駛人看著什麼地方在駕駛，在交叉路口綠燈下步行者要橫越馬路時，仍不得不在路中間暫停，判斷行車是否完全停止或仍會繼續走動，又，狹窄的巷道上，汽車迎面擦過時，就無法互相表示意圖。如透明玻璃的駕駛人讓路而無法知道墨鏡玻璃裡面的人的反應時，讓路者的心裡上的不舒服也可想像的。所以關於汽車的設計，不但要考慮使用者的要求，似應通盤地考慮安全和交通情況問題。

我們日常使用的電器品又如何呢？在設計和使用上，有無引起他人困擾的例子。冷氣機的放熱設備可能在鄰居窗戶附近，或向走道對著行人放出熱氣，這也是相當困擾的。聽說日本已推出低噪音型的洗衣機。由於生活方式變化，需要夜間洗衣服的家庭增多，為免困擾鄰居，想盡辦法開發新產品是一種好現象。

企業各種制度的電腦化時，不當設計當然會引起相當大的困擾，甚至會引起第三者對電腦化的不瞭解或不信任，所以要求完善的設計自不待言。但是有了設計完善的制度仍有賴正確的使用。俗語說「制度是靠人來執行」，其道理則在此。

觀察、設計、使用是創意完成的三步驟，所以一種創意不能僅以初步觀察就下結論，應進一步為了上述三步驟的合理配合，對設計及使用應做多層次的觀察。

6. 換角度的觀察

演戲必須有配角，所謂配角不待言，是指扮演配合主角的角色，其任務為隨同主角使一場戲能順利進展。配角從另一角度看，是在輔助主角或成全主角。這些話雖然是周知的事實，但是看看我們在人生過程中大部份的人只認為自己在扮演主角。當然任何人，以其個人的人生舞台看，他本人是主角，而在其人生中所出場的他人都是配角。但是稍為冷靜去想它時，應可以發覺自己的人生也是他人人生的配角。以個人的婚姻世界來看，如從太太的角色言，先生也是配角，但是在太太的人生中，先生所扮演的角色是否最佳配角，是值得深思的問題。

關於換一個角度去觀察事物，可舉出另一有趣的事實。我們東方人看慣的地圖，係以亞洲大陸為中心，隔了太平洋在右邊有南北美洲，歐洲大陸及非洲就擠在左邊。但是歐洲人所看的地圖是否相同呢？不然，是以歐洲大陸為中心，在右側有亞洲大陸及日本等國，因此「遠東」各國係歐洲人稱呼我們的方式。美國人所用的地圖自然係將南北美洲排在中間，隔了太平洋及大西洋有亞洲大陸及歐洲大陸。

這二則文章，表示不管是個人也好，或團體也好，甚至國家民族也好，在想事情時，或看事物時，易被主角或主觀觀念迷惑，這種習性也是人類的弱點之一，台灣的勞資糾紛，好像也是某一角色很少站在另一角色的立場去思考問題所致。台鐵的火車司機曾「集體休假」來抗議，其目的為爭取「合理」的加班津貼。但是他們是否想到他們服務的鐵路局在連年虧損下支撐下去？是否想到如爭得「額外」津貼後，與其他同仁（看柵欄員、站務員）比較，會不會引起他們的不滿？鐵路局為支應這些「額外」負擔後，為反應成本勢必加票價來彌補，對利用鐵路或公路為交通工具的旅客而言，在選擇上更使鐵路局陷於不利的立場，如此循環，鐵路局的赤字將擴大，服務品質將降低，最後的結果為「唇亡齒寒」，是福是禍呢？

雖然此種推論稍屬「杞人憂天」，但是歷史上的事實證明，此種推論並非虛構。英國工黨執政時，過份保障工人權益而引起經濟衰退，幾乎把大英帝國推入三流國家之行列。幸好保守黨鐵娘子佘契爾首相之鐵腕改革挽救了英國，不過英國國民付出的代價相當大。

我們是聰明的民族，大家應摒棄本位主義，以客觀、冷靜、理性的態度來處理「大眾之事」。探討問題亦然，可從不同角色去觀察，提出各種各樣的解套方法，但是應記住如太主觀往往無法獲得客觀而理性的創意。

7. 不宜以偏概全

華裔日人陳舜臣所著《日本的　中國的》一書對日本人和中國人的民族性、文化背景等差異有詳盡的介紹，在敘述差異前有一段方法論，其中談及：

「以比較方法解釋事物是較容易使對方了解的方式，但是往往隱藏著陷阱。尤其是對某一集體做比較時，可以說陷阱百出，不得不小心。某一集體與其個體相同，各有其特質或性格。集體中通常有例外，例如可能一千個中有一個，或一百個中一個，十個中一個的例外，既然在程度上有差異，在處理上就不得不注意其影響的份量，無論如何，如以一個例外予以擴大視為該集體的特質，則等於落入陷阱。」

這一段論述值得我們參考。我們在日常生活中，犯了以例外推論集體特質的情形很多。

例如，某人在週末或假日常攜眷前往近郊指南宮進香，並在附近走動來活動筋骨。通常會遇到廟裡廟外人潮擁擠，香火鼎盛的盛況。指南客運班班客滿，令人不禁羨慕附近攤販託指南宮孚佑大帝的庇佑，家家生意興隆，大發其財。

但是有一次在週日抽空前往該地，一切情況迥異，指南宮之安寧與假日比較真是天壞之別。悅耳的鳥聲讓朝拜者能夠享受片刻屬於大自然的寧靜，也可以在莊嚴的氣氛下上香。

某人以假日所見的盛況來判斷指南宮日日如此，顯然犯了以例外斷定一切的毛病。因此筆者曾有機會赴日旅遊從前未曾去過的日本東部（北陸）和北端（北海道），不敢再以走馬看花所得之印象「以一概全」的報導，即使偶有覺得特殊而新鮮的地方和事物，亦細心求證於陪伴的日人，以免以例外判定集體特質的錯誤。

我們在執行財務報表等分析，或進行企業經營的診斷時，更應避免看到『例外』就作為創新意見的依據。

雖然創意有時候可以「無中生有」，但是如果依據未經仔細推敲的資料作出的創意，反而會犯「以例外誤判全體」的毛病，最後成為不切實際的東西。

㈢ 思考力的培養

1. 思考從「在意」開始

報紙上一大帖的廣告版看過沒有？什麼情況下會去看？

街道上的大型廣告看板，有沒有認真看過？什麼情形下會去注意它？

禪的「公案」故事，有一則《非風非幡》，其內容略以：二個和尚看了隨風飄揚的幡旗而爭執，「這是幡旗在動」，「不是，是風在動」。二人都主張自己的說法互不相讓，適有六祖慧能經過說：「不是幡旗在動，也不是風在動，是你們的心在動。」經此指點要害，二個和尚深深體會，禪的深奧。

這個故事，似乎給我們一個啟示：人類對事物的印象在於「心」的所在，亦即在於「在意」或「不在意」。例如上述報紙上的廣告版，再多的訊息，如果你不在意的話，等於沒有，再大的廣告看板，除非有美女露祖的畫像，如與我無關時，我們不會去瞄它。

又，有人說「煩惱」是從「在意」開始，所以是屬於「心」病。

如回到創意的來源而言，也可以說，創意在你的「在意」和「不在意」之間。牛頓看了蘋果落地，如果他不在意的話，可能什麼都沒有發現，也不會去思考。

假如你對任何事象都很「在意」的話，創意應該垂手可汲。因此創意應從接觸事物的「在意」開始，對事物開始在意時，一個人才會對相關事物去「用心」思考。

例如，日本某農業職業學校養了一批學生實習用的山羊，負責飼養的學生為應付山羊的大食量（據說山羊是雜食動物，一頭一天可吃光一坪左右的雜草），到處去割野草。有一天學生看到農夫在農地後山滿頭大汗地除雜草，學生一面打招呼，一面聊起農事，才知道農夫為割除山坡地的雜草苦於人手不足。帶隊的老師靈機一動，為何不將學校養的山羊載到該山坡地直接吃雜草呢。乃將此構想與農夫談起，獲得贊同後試辦。其效果奇佳，滿山的雜草不但逐步清除，也可闢為附近兒童的遊玩場所。此構想傳遍農村，多家農戶向學校「租借」山羊割草隊幫助，學校省了飼料費也為廣大的山坡農村清除雜草，正是一舉數得。

假如帶隊老師，對割草餵羊當作日常工作，「不在意」求變，那麼靈感也不可能出現，上述「構想」更不必說了。

2. 問題的單純化

有一個學生在大學畢業前，為選擇繼續深造、就業或回鄉繼承家業而舉棋不定時，前往老師家請教。老師述以：「人生，對於複雜的事情應予以單純的處理。如將複雜的問題予以複雜的思考，就會鑽入牛角尖，無法辨別入口或出口，而陷入『迷思』。另一方面，單純的事情應予以複雜地思考。蘋果從樹上掉下來是自然現象，是一件極單純的事情，有人就予以複雜地思考。此人就是牛頓，他從單純的自然現象發現複雜的萬有引力法則。這就是學問。」

我們在日常生活中遭遇此種事情眾多。

我國工商業為提昇管理技術，除原已採用的美式管理外也曾探討被稱讚為「日本第一」而熱門一時的日本式管理。經過幾年的摸索和嘗試，雖創造了經濟奇蹟，但是眼看鄰近韓國、新加坡等新興工業化國家(NICS)的追越，也不得不檢討引進的管理科技是否有「水土不服」現象。在錯綜複雜的心理下，回頭想想，身為中國人，總應有自己的管理方式。一時間，探討中國式管理的潮流從學術界風靡到企業界。

筆者不敢落後，除收集有關論述外苦思形成中國式管理之根源。為此，思考的觸角越伸越複雜，有關心理學、民族學、中國文化思想的書籍、論述均作為涉獵的對象，其結果可想而知，不但未找到入門，反而陷在迷陣，不知進行的方向。

最後看了前述老師的一句話，給筆者一個啟示，對複雜的問題應予以單純化，單純化後再予以細究（複雜化）。我國管理之神王永慶先生所述：「管理上應無所謂中國式管理或日本式管理，管理只有一個原則，追求合理化。」

也許上述問題的探討應簡化為「追求合理化」，然後以此為原點重整旗鼓。

管理大師杜拉克除出版很多名作外，其顧問方式也另有風格，也就是所謂的「杜拉克式的問句」。他坐下來與客戶談事情時，看了資料後頭一句話就簡單地問「你真正想做的一件事是什麼？」然後再問下列各點；為什麼要去做？現在正在做什麼？為什麼這樣做？

這就是將問題單純化的步驟，如此我們才能針對真正的問題集中精神去思考解決的方案。

3. 長處和短處

每個人的個性不盡相同。個性溫和的人常因為其行動緩慢成為缺點，個性急躁的人常因為其行動衝動成為缺點。如果我們認為前者是個人的長處或認為後者是個人的短處，則人人均有其長處和短處，所以我們應可在他人的長處中看出短處，相反地，也可從他人的短處中找出長處之所在。從某人的短處中真正察知該人的真面目是很重要的，尤其從缺點想像其優點更為重要。

通常我們從某人的過失中判斷其缺點，如果我們有「仁心」，應從他人的過失中找出其優點。這一句話的含義，如擴大對社會或一個國家的觀察，其意義更為重要。

美國自從貿易逆差擴大，美元貶值，預算赤字增加變成債務國以後，過去被認為世界領導者，而大家以其「馬首是瞻」的情況，似乎一變，大家批評其社會制度之不是，企業組織值得檢討等等。事實是否如此呢？美國的社會制度是否已一文不值，真的缺點百出呢？讓我們從小處去觀察它。

美國人辦事要求一個一個來，不像我們中國人擠成一堆各表示各人意見，經辦人照樣「從中」處理工作。因此在美國，櫃臺前或進餐廳時必須先排隊一個一個「按部就班」

進行處理。你說美國人「笨」也好，有「規律」也好，如從短處中看長處時，這種好像很笨的做法，在速度上更有效率。而整個的秩序井然有條，不會養成取巧的惡習，從長遠來看，社會可在和諧中運作。

相反地，讓我們看看另一種世界。曾經被懼為即將吞食世界的共產獨裁社會，從其元祖俄共開始懷疑其存在價值後，東歐各國紛紛改採多黨政治，走向自由化社會主義，向美國及西歐學習。這些事實是否表示，共產社會從美國的長處中發覺自己的短處，不得而知。

我國儒家思想所提倡的中庸之道，似乎可以解答其部份理由。中庸是反對過和不及，「物」和「質」是相關的，量的過和不及均可能改變物和質，故提倡「和而不同」。所謂「和」係指調和矛盾的對立面的平衡，而「同」係指消除矛盾的對立面的差異。那麼中庸是否折衷主義呢，答案是否定的。折衷主義係無視原則的迎合，而孔子的中庸有其原則的。（註：摘自孔健著《孔子的經營學—日文》）

人類的思想，生活方式如走向任何極端，將成為短處而無法在人類的世界生根，以中庸的精神追求生活方式，從短處中尋求長處予以發揮始能期盼人類的和平共存。這種思考方式也是創意的自我訓練法之一種。

4. 興利不如除害

在競爭劇烈的現代社會裡，大家相當重視創意，尤其生活水準提高以後，大眾有「喜新厭舊」的心態，例如百貨公司的商品以「日新月異」的速度展出新花樣。以企業管理的名詞來說，這是以創意來促銷的花招。

企業的經營措施或管理制度也在革新或改革的口號下不斷地創新，從時代的潮流看，為取勝同業，全力推動新方針或新政策是無可厚非的。但是假如這些係「新官三把火」方式而對企業或大眾又是無用，甚至是無實效的口號的話，那就值得檢討了。

很多事情有一利就有一害。在歐洲有一句古諺說：「對頭部有利者，則不利於頸部和肩部—That which is a good for the head is ill for the neck and shoulders」。我國元朝的創業功臣耶律楚材有一句名言說：「興一利不如除一害，生一事不如省一事」。東西名諺其含意相通，兩者均主張，創設一項有利的事情不如革除原有有害的一件事情迫切。

當蒙古軍席捲中國本土後，成吉思汗即時聘請耶律楚材為顧問執行稅制的重編，財政組織的整頓。他就以「除一害，省一事」的原則建立強有力的政治體制。

我們日常工作中，往往上級指示就增加某些調查表，雖然這些報表可能已達成目的，或已失去存在價值，但是在經辦人心目中已變成例行性工作。又某些規章為因應當時的特殊環境而制定，但是不久之後事過境遷而成為不合理的約束，如無人建議，該規章可能仍被「遵行」。這種情況不但阻礙企業的正常運作，甚至可能引起員工的不滿，無形中產生嚴重的負面作用。

因此，要談事務上「革新」時，似不必只想如何訂定新的規則，或如何訂定新的工作程序，而更重要的工作就是如何對現行規則中設法刪除不必要的條文，如何在目前的工作程序中省去不必要的步驟。所以「除害」也是創意者應追求的目標之一。

至於談到一個東西的創造，如前面所述創意是連續的，有了一個創意可能會繼續想出新的創意。這時候可能利用「除害」來「興利」的思考方式，刪除原先的創意的缺點（弱點），想出「青出於藍」的更完善的創意。

5. 聽出話中話

在民主時代，「聽」別人的意見是很重要的，但是「聽」話卻不是人人都會的。它不但是一種態度，也是一種修養。

在立法院審查經濟部某年度公務預算時，曾有某委員質詢部長的下列「一問一答」。其過程很精彩，也是一則如何「聽」出話中話的很好案例。

委員問：「我不是學經濟的，所以對預算的細節內容無法請教部長，不過為幫助我了解預算，請問部長，我們國家的經濟最高指導原則是什麼？」

這質問乍聽，我國既以三民主義立國，其中與經濟有關的指導原則自非民生主義莫屬，所以任何人想到的答覆應為「民生主義」。但是部長的答覆為，「長期的情形我們暫不談，就以公元二千年為目標，我國的國民所得可提高到每人美金××××元，總生產毛額為現在的一倍。」

委員立即打斷部長的說明，追問：「我問的是經濟的指導大原則，不是經濟的遠景。」部長答以：「我們應談具體的事實，為使公元二千年國民所得達到該目標，我們在高科技研究發展方面，應如何如何……。」

此時，委員已不耐煩，又打斷部長的說明，問：「本席問的不是經濟目標？也不是問很快就有那些福利遠景。我問部長你是向南方走或向北方走。結果你告訴我，你騎的馬很壯，一小時可以跑多少公里。假如該向南方走而你跑錯方向向北時，騎再壯再快的馬有何用？可能超越基隆後墜落海裡呢？……部長我要問的是我們是採取民生主義經濟或資本主義經濟？……」（然後委員對兩種經濟制度做一大套的說明，擬從略）。

部長對其說明雖以微笑應付，但是始終未以選擇題方式答覆我國的經濟最高指導原則，仍以說明如何提高國民所得為說明重點。在此種「拖延」戰術中，委員的質詢時間已屆。委員最後掀出底牌說，整個經濟部預算的編列似看不出我們要達成民生主義經濟的大目標。

在這一則一問一答的質詢中，大多數的旁聽者最後始知道委員與部長在「鬥智」。前者想以一問一答套上部長去承認我們的經濟最高原則為民生主義，然後「圍攻」八十年度預算中違背該原則的經費項目，最後達到刪除預算的目的。部長可能一開始就聽出委員的「話中話」，有意轉移方向，使委員無法如意地達到目的。

有時創意就是從這類話中有話的對談中得到啟示，但是能否聽出話中話，就得靠個人的注意力和理解力來深度思考。同時也要記得如果一個人裝滿自己的看法和想法就聽不到他人的聲音。

6. 應用名言的思考

一句話，一句成語要行於中外、古今而始終具有不可毀，不可鑽的不朽含意，實在不容易。所謂名言應該就是指具備了萬古常新，永遠顛撲不破的條件。

在我國流傳的名言眾多，有的由後人整編成冊，有的成為學說的內含，有的被單獨應用。但是名言，自倡出時經過時代的演變，或傳播地區擴大後，可能與原倡出者的「意思」發生偏差。更有甚者，經由有偏見者曲解或玩弄，可能失去原文本意。

論語中有一句：「子曰：民可使由之，不可使知之。」筆者在偶然的機會中看了幾篇對此名言之解釋和批評的文章。

日人早稻田大學村山吉廣教授在經濟新聞的「名言之內側」一欄中略述以：某些認為過去充滿黑暗的歷史學家，對這一句話痛罵為「孔子在倡導愚民政治。」，這些人解釋該句話的含義為：「民眾不要使其知道任何事情，只要他們默默地跟著來。」，村山教授認為此為曲解，從整篇論語來看，孔子從未愚弄或輕視人民，孔子重視「民意」而徹底的嫌惡「權力統治」。當時民眾知識水準很低，因此孔子說：「要使民眾理解政道很困難，但是如實行正道的政治民眾必會跟隨。」，這就是「不可使知之，而應使由之。」

英國的東洋學者魏利氏，在其英譯論語中對上述名言譯成：

The Master said, The common people can be made to follow it, they cannot be made to understand it,

這是相當得體的翻譯。文中並註明，二句 it 係指 the way（道）。

《論語別裁》一書的著者南懷瑾先生對該句名言說：「五四運動時，他們打倒孔家店，這句話也是孔子的「罪狀」之一；大陸上批孔，可能這個『罪狀』也很大，他們認為這是孔子的專制思想，不民主。」

南先生舉了多位我國學者試改「圈點」方式做新解釋之例子，但是他個人認為不必圈來圈去試圖新解，事實上對一般人，有時候只可以要他去做，無法教他知道所以這麼做的原因……。他也有一個體會，認為天下的事業都是渾小子闖出來的，到了年紀大懂得多了，……，但什麼都做不成。所以「民可使由之，不可使知之。」是一句名言，不必去另外圈點了。（詳請閱《論語別裁》三九九—四〇〇頁）

從以上論述得知名言的含意是很深奧的，我們在應用名言時，宜充分瞭解它（知之），然後以發揮它的精神來創造（由之），才能達到創新的境界。

(四) 語彙能力的培養

1. 從文句重組遊戲學習

我們在組合式合併乙節詳述，如何以模組化後拼組來試創各種新組合，然後仔細檢討分析各新組合，尋找合適而可行的新產品。這種方式也可以在語彙能力的培養上應用。

中國文字之美，往往在平凡的地方呈現，假如我們利用上述組合式合併的精神，將文句模組化，動動腦筋做小小的調整，可以使文句意涵產生魔術般的變化，而有意想不到的效果。

例如：常常看到的交通標語：「安全是回家唯一的路」，將它調整為：「回家是唯一安全的路」，則既溫馨又體貼，對開車的先生們的感受，可能從警告式意涵變成太太的溫馨話，自然而然地把先生的方向盤轉向回家的路上呢！

另外，聯合報副刊曾登載蕭蕭老師在課堂上要求學生將鄭愁予的詩集的一句「寂寞的人坐著看花」做調整句子的作業。並將其結果整理如下：

△調整較小的是：

寂寞的花坐著看人，寂寞的人看花坐著，坐著看花的人寂寞。

△調幅較大的是：

人坐著看花的寂寞，花坐著看人的寂寞，看花人寂寞的坐著，坐著的看花人寂寞，看花的人寂寞坐著，看花的人坐著寂寞。

△破壞原有文字順序，再造新義的是：

寂人坐著看的寞花，坐看著人花的寂寞，人寂花寞的坐著看，著花的人坐看寂寞，坐看花的人寂寞著。

蕭蕭老師認為，如果允許加標點符號，變化就繁雜多了，例如：寂寞—坐著看花的人，坐著看的：人？花？寂寞？如果再放寬，允許加減其他文字，則可能出現不少佳作，例如：「看人？看花？看寂寞？」「人，寂寞；花，無奈」「落花看著人的寂寞」。

從這種遊戲般的調整，可以體會字句運用的妙處，也可以瞭解文句的調整如何豐富文句的意涵。但是更重要的一點是，這種系統化併合的方式對創意的產生有很大的幫助。此法不但可以培養如何奔馳思維和開拓想像的空間，更可以將複雜的構想理出清晰的思路。對「問題的單純化」乙節所述，複雜的問題要單純的處理，而單純的問題應做複雜（深度）地思考，提供一條可行的辦法。

2. 利用有附加價值的文句

現代是注重表達的時代。

在公車上有「博愛座」，此文句使人產生對老弱婦孺讓坐之意。日本鐵路曾以「綠色的窗口」來代表以電腦連線售票之窗口，不但在大眾印象中有親切感，更引起顧客的旅情，是一種成功的稱呼。另一以顏色代表的稱呼有「橘紅色的卡」，這種信用卡也以顏色引起客戶的愛好。這些都表示以色彩來提高文句的價值。

假如演講的目的是如何感動聽眾時，應選擇使聽眾易於記憶的詞句。換言之，應選擇「能提高附加價值的文句」。

在第二次世界大戰中，英國正陷於極低潮狀況，當時的首相邱吉爾為振奮民心，發表了不少名演講。其中一節：「我除了能奉獻血和辛勞和淚和汗以外無其他東西」，是打動英國民心的佳句。據說在一般民眾中發生一種共同的現象，就是一般大眾只記得「血和淚和汗」一詞，而「辛勞」(toil）一句被忽略掉。血、淚、汗易於訴諸視覺，但是辛勞一句不太凸顯，因此為提高附加價值宜選「多彩多姿」的文句。

記得故台電公司董事長陳蘭皋先生為了說明核能電廠輻射線之程度，舉出很多實例，但是在一般聽眾中永久難忘的一句話就是：「核能廠放出的輻射線之程度比坐在二個女人中間所受的還要輕微」。雖然此句話後來也引起若干小風波，發生了意想不到的小插曲，但是不失為「有附加價值的文句」。

報紙曾有一則關於企業界熱中語言表達訓練的消息，其內容為：由於人際開發及說話表達漸受企業人員重視，引起顧問公司等業者注意。臺北某科技名人也引進美國卡內基說話表達訓練並準備搶攻市場等等。這些均表示我們已處在溝通的時代，促銷的時代，也是表達的時代。處在時代潮流中對新產品、新構想，如何選擇具有附加價值的文句本身就是創意，也是推銷創意的有利工具。

3. 舊詞新解法

天下雜誌曾在封面專題中報導《玩錢的人》。其內容究竟想強調「玩錢人」掛帥時代的來臨或對「玩錢人」的警告，在此留給讀者去領會。但是，當國內大倡金融自由化、國際化時期，對於所謂「玩錢」是否「投機」似有待澄清。

依中華書局出版之辭海解釋，投資是指：「以營利為目的，用資本於某種事業之謂」。而投機是指：「作事射利，乘機進行也；如交易之買空賣空之類是。」，兩者出入很大。

有人說，投資基本上應以利他之念為出發點，而投機係帶有欲望的自利行為。但是某些評論家則認為，現代係投機的時代，而做大膽而明快的經濟預測，為投機者建言。這種情形就使我們對投機的含義陷入迷惑。

在經濟、金融自由化後，要預測股票的漲跌、外匯的變動並不簡單。從結果看，往往會後悔為何不在某一時點賣出或買入，這種想法多少帶一點「投機」的味道。

佛教的解說有一段解釋：認為投機雖然屬於佛教語，但是係出禪的語句。所謂「機」係指接受教誨的能力，也指開竅、覺悟的可能性。因此投機係指師父的機和弟子的機，如棒球投手和捕手間的默契，互相在授受中自然察覺而體會出來。在禪，對於人與人的關係中，當雙方心靈領悟能互相一致時，稱為投機。

這種佛教用語如何轉為經濟用語已無法考古，但是從上面的說明不難推察，如將商品的價格變化的預測視為「機」，而買賣視為「投」時，該用詞也可以適用於經濟範疇。觀察經濟的變動的「技巧」猶如要掌握變化的心態去處事，始能在現代社會中經營企業。

投機如照上述佛教用語來解釋時，和僥倖應有分別。在投機的時代為適應變化需要具備真摯而柔軟的心，單純的僥倖心恐怕會從人類奪去這種真摯而柔軟的心。

我們在利用經典或古文中的例句，追求文句上的創意時，當然應充分掌握該文句的含意及其更深的來源，然後做突破性的用法，才能達到創新的原意。

4. 名言的應用

從歷任美國總統的就職典禮演講文中，出現了很多流傳後世的名言。其所以會有名言名句的出現並不是由於美國對世界有很大的影響力，我想應該是由於美國總統所看的並不單純以本國事務為出發點，而以世界性的眼光發表觀點，同時其演講內容是經過幕僚人員千錘百鍊，融合新總統的政治理念予以完成，故具有「可讀性」是無須待言的。

老布希總統在一九八九年二月廿日就職。「拜讀」其演講文後，筆者認為有幾個片段值得介紹，特予以摘錄如次。

布希總統在其演講的一開頭就提到「現在在此，有一位在我們的心中，也是在我們歷史上，建立了永續性步伐的人物，那就是雷根總統。我對於您（指雷根）為美國完成卓越的工作表示感謝。」這一句話充分表達布希總統的為人之厚道，將個人的成就歸功於自己最尊敬的人。也充分表示他已體會「稻禾哲學——越成熟越採低姿勢」的境界。

至於對美國社會，以及對人類社會所期盼的內容有：

「美國應該是為自由而驕傲的國家，應該是清高而文明的，人人所愛惜的地方。……

但是美國是否已變樣了。我們是否成為物質的奴隸而忘卻使命和貢獻的寶貴呢？財產並不代表一切。更不能做為衡量人生的尺寸。在心裡我們知道什麼是很重要的。

……………………

假如美國不為崇高的目的而存在時，那就不是本來的美國。我們目前正在擔負起這種目的，那就是促使我們的國家成為優美而更體貼的世界。」

……………………

最後布希總統說：

「我認為歷史如一本厚厚的書，我們每天以希望而有意義的行為來填滿每一頁。新的風吹起，翻到新的頁次，而開創新的歷史，如此開始今天的一章。這是「結束」和「多樣性」和「寬容」的一章。這一章雖然是很渺小，但是應該是正正當當的，是由我們分工合作寫成的。」

總之，一篇演講所以能喚起聽眾的共識，自應具有前瞻性、創造性的內容。

整篇演說以喚起美國人民為自由和理想而生存。布希總統認為，為達此目標必須從「心理建設」做起。以目前流行的句子說，就是大家有了「共識」，國家才能安定才能富強，世界才能和平相處。道理很簡單但是仍需要由國家的領導人物不斷的做「推銷」才能事半功倍。

5. 名台詞的應用

莎士比亞「哈姆雷特」舞台劇的開場白有一句名台詞：「To be or not to be, this is the question」。在英國，鄉下的阿公阿婆在看舞台劇時曾埋怨，為什麼常用這種大家已熟悉的名台詞。

在美國某著名雜誌也套用這句名台詞創出下列標題：「TV or not TV, that is the question」來吸引讀者。

開場白有時直接了當的對觀眾表示舞台劇的「本事」，有時也只以暗示性的方式處理。上述開場白應屬於後者，其真意應由觀眾，也就是「受者」去體會它。

據說，上述「名台詞」在日本的翻譯因人因時而不同。例如最初（約在明治五年）則譯為「有，沒有，那是什麼？」，到明治十五年的「新體詩抄」譯作「應延續乎，或不應延續乎，此為須三思之關鍵也」，以後則陸續出現「在世，不在世」、「生存乎，死亡乎」、「繼續生存，不繼續生存」、「做，不做」，到最近的「就這樣嗎？不應這樣嗎？」等等，在解釋上有微妙的變化。

莎翁在寫這句話時，有無料到會對後人引起如此多的困擾則不得而知，但是在現代社會，恐怕少有人有此耐性去體會此種含意深奧的句子。

文字雖然是人類特有的智慧，但是能表達的程度有限，對同一事物的敘述，因人而異，同樣的道理，同一文句，有時也由於體會的人不同有不同的解釋。尤其是法令規章往往為了使其更「官樣文章」，無法白話化，更不能敘述化，因此其含意或立法精神（立法時的用意），往往無法納入條文，使法令規章的解釋，有時因逗點或句點的位置，或因一字之差有截然不同的解釋。故不得不愼重。

在一切追求效率的工業化社會，法令規章有時採取簡單扼要的原則。如扼要到須由執行者自己去猜測其含義時，可能會如莎翁的名台詞引起困擾。例如台語歌曲的「愛拼才會贏」一詞，已成為名台詞，選舉時的競選歌，媒體賣藥品的廣告詞無不相爭應用。但是實務上利用名台詞等做語彙的創新使用時，除如何在簡單扼要和充分表達之間去「拿捏」外，如何才能吸引大眾才是創造者應考慮的問題。

6. 讀《論語別裁》一感

我們一生中不知讀或看了多少書，但能遇一本稱心的好書實不多。遇好書如遇知友，是件幸運事。

某年歲末董監會後的聚餐時，一位董事贈送每位參加者一套精裝書，一為《論語別裁》上下冊，另一為《孟子旁通》。從學校畢業後再看四書五經的機會不多，偶而利用論語中的「名言」以裝有「學問」樣，也是學校裡熟背的句子。至於恰當與否就得憑經驗了。

剛收到這些書時，只將其擱在書櫃當作裝飾品。在春節的長假中，忙碌的拜年與郊遊後，為求安靜，無意中抽出《論語別裁》翻閱。為其第一篇「學而」的副題「三言四語」以及開頭的輕鬆敘述吸引。以看小說的心情一口氣看下去。

其內容如該書的前言所述：「本書名為『別裁』，也正為這次的所有講解，都自別裁於正宗儒者經學之外，………。」，有其獨特的風格、表達和見解。

例如，對中國文化中所講的儒、釋、道三家比喻為：佛學像百貨店，裡面百貨雜陳，樣樣具全，有錢有時間，就可以去逛逛。逛了買東西也可，不買東西也可，根本不去逛也可以，但是社會需要它。

道家則像藥店，不生病可以不去，生了病則非去不可。生病就好比變亂時期，要想撥亂反正，就非研究道家不可。……

儒家的孔孟思想則是糧食店，是天天要吃的，……因此我們要研究四書。

（以上摘自該書第六頁）

筆者過去聽了不知多少的有關演講，但是仍對道家、儒家及釋家思想的分別無法有深入的瞭解，經此比喻真是茅塞頓開。

至於其解釋或講述，則不以每句為對象，而從整篇（例如學而篇）的大意到每句間的關係予以連貫，再將各篇間之關係予以交代，糾正過去「斷章取義」的毛病，使我們了解論語的整個思想體系。

論語等四書五經是中國文化的精髓，以現代人去看不但有語句結構的隔閡，更有相距幾千年的時代背景差異，故不易了解其含意是自然的現象，但是《別裁》以淺入深出方式講解，可作為讀者培養氣質風度的終身伴侶。也可作為從事編著工作人士的創作的借鑑。

7. 從趣譚學習

某年初夏主計長及財政部長向立法院報告附屬單位次年度預算編製情形，筆者奉派「旁聽」。兩位首長報告後依程序輪由立法委員質詢，質詢內容包羅萬象；有的挑剔報告內容修詞不妥，有的批評報告中的政策不妥，真是從芝麻小事到國家政策，隨委員的興趣而變化，使「旁聽」的各事業主辦會計，有幸上了一天「什錦」課程。

在質詢中，有一位立法委員突然指著預算書，對部長糾正今天資本支出預算中，有很大的比例以攤提折舊作為資金來源，認為不妥。該委員說，折舊明明是費用怎麼可以「混列」為資金來源。傍聽的幾位主辦會計，正不知如何替部長準備回答此項質詢，好在部長經驗豐富，對此類質詢索性不答而了事。

備詢者對此事正鬆一口氣時，在座一位主辦會計提起類似趣譚。

某一省議員在審查預算時，對預算書的上年度預算欄列有「閒置資產」，質詢有關單位主持人說，我們上年度預算並未核准編列購買閒置資產之預算，為何可以隨便在預算外購置此類資產。該主持人恐怕平時並無時間去了解會計常識，在議員嚴厲追問下，只好說，我的記憶裡並未核准他們購買閒置資產，回去徹查後向議員報告。真是「妙問妙答」。

趣譚無獨有偶，另一主辦會計也述及類似往事。光復後不久，有一位自任專家的查帳大員，帶領查帳團赴事業單位查帳。實際工作均由年輕團員代勞，該大員以領隊身份通常翻翻報表，或與事業單位主管聊天來混時間。有一天突然拿起資產負債表，質問該事業主辦會計說，你們怎麼編報表，損益表是「一月一日到十二月三十一日」而資產負債表只編列「十二月三十一日」，有無問題？對這怪問題，使得該主辦會計不知如何應付。

這些故事對會計人員「或許」是趣譚，但是對非會計人員恐怕不知其「有趣」之點在那裡。

很多專業，例如法律、金融或會計等雖然與一般人士的關係很密切，但是不幸這些專業所用的專有名詞並未大眾化或常識化，因此容易發生類似上述的趣譚，希望讀者發揮創意精神對這些名詞，創造大眾化的語彙或文句來減少誤會。

創意是降臨在有備而來的人上

二、創意的運用

㈠商場上的創意

1. 標準化和豐富化

家電用品使生活愈來愈方便，在簡單的按鍵動作就可以做各種各樣的事情。新產品雖然增加了很多機能，甚至已有機能過剩的感覺，却使我們懷念過去簡單的操作。各家電用品公司為了吸引顧客，在新機種中對同一機能也採用不同的操作方法。

這種趨勢在手機（攜帶式電話）也發生，在新技術下，以更低的成本出售很多機能的產品，但是在使用者的立場而言，並不一定成為全面性的好處。因多機能化使操作複雜化，結果不一定真正的方便。有時所增設的新機能對使用者而言，是無用的「寵物」，更遑論其普及性。

另一方面，家電用品的配件或消耗品的互換性很低。例如手機的充電器則一例，假如能像照像機的膠卷予以標準化，可用於任何廠牌的機器，對使用者可增加更多的選擇機會。換言之，產品從國家經濟的觀點看，不宜以配件規格的「立異」取勝，應以有特色的產品讓顧客自由挑選才是「正道」。

我們已處於變遷的時代，也正邁向成熟化、高齡化及高度資訊化的社會。在這種社會中追求生活的豐富化是一種趨勢。在追求生活豐富化的要求下，只靠高科技已不足於促銷產品，如何在產品中融入「高感性」是未來的促銷策略之一。

所謂高感性(high touch)係指適合消費者的心情，是指諒解、心意、歡心等對買手給與心理的滿足，心中的喜悅。例如目前很多雜誌社對長期訂戶贈送記事簿時，刻上用戶姓名則一例。這種贈品已超過單純的東西，是具有附加價值的「事物」，其價值很難以貨幣價值來測定。

例如，會計注重標準化、制度化，但是另一方面為滿足企業的要求，也不斷向豐富化路線摸索，這也是管理會計成為現化管理重要支流的原因之一。會計在標準化、制度化方面已有相當成果，但是如何應付變遷快速的社會要求，發展出一套更豐富化的管理工具卻有待大家去克服。

任何事情不斷追求標準化後，似宜停下來考慮是否應以豐富化來潤飾，相反地過份的豐富化也非福耶。這就是創意的培養注重逆向思考的原因。

2. 美酒繞道攻市場

很多東西的促銷採感性方式的訴求做廣告，此種訴求對現代人而言效果反而比直接訴求法要好。例如美國香煙的廣告，雖然有牛仔裝的英俊少年做背景，但是該少年並未直接啣著香煙。日本的烏龍麵廣告，如果以電視冠軍節目中的狼吞虎嚥的鏡頭做背景來促銷，可能使消費者倒胃口。談到酒類的促銷，如果用我們的傳統敬酒文化，在強迫乾杯的鏡頭來促銷時，鐵定達不到促銷的目的。

據說，當年法國在美國大力推銷他們的王牌酒白蘭地。當時促銷的廣告內容如何無法查考，但是銷售情形一直無起色。生產白蘭地的公司試過多種銷售計畫都是成效不佳。後來有「高人」指點，利用美國總統艾森豪六十七歲生日宴會，來個錦上添花。

製酒公司決定淡化白蘭地的銷售色彩，而以向美國宣揚美法兩國的傳統友誼為主在媒體上做廣告，想讓白蘭地以友好使者的身份進入美國。同時該公司也宣布贈送儀式的程序，禮品先由專機送到美國，再由身著法國傳統服飾的法國青年帶著禮品進入白宮，然後在白宮的大草坪上舉行隆重的贈酒儀式。這個消息立刻引起美國人的注意，成了熱門話題，大家期待這項名貴禮品的風貌。

艾森豪生日當天，在大量表示兩國友誼的宣傳標語的烘托下，窖藏六十七年的兩桶白蘭地酒終於亮相，幾乎把總統的生日宴會變成了白葡地酒的發表展示會。於是在美國驟然掀起搶購白蘭地的熱潮。法國白蘭地酒在感性的訴求方式下，終於攻入美國市場。

我國某一種藥酒，在媒體的廣告詞採用貼心的「福氣啦！」來訴求，因此在用戶的印象遠勝過其他同類商品。

3. 東瀛的杯子文化

杯子是日常用品，過去傳統上杯子是家庭的必備品之一，所以除家人用的杯子外，最多也為訪客準備一套較出色的杯子。在此種情形下除了新婚家庭的成家或為了補充破損外，銷路的成長有限。在行銷掛帥的現代社會，商人不會滿足於固定的成長率，必須動動腦筋吸引消費者的購買欲。在高價位方面的走向是出現皇家御用品的「仿冒」貨或具有藝術價值的陶瓷品之類的茶杯或咖啡杯供收藏。水晶玻璃杯在水銀燈下也吸引了不少收藏者，但是價格卻聞之咋舌。

但是，行銷商的促銷創意不會自限於高價值產品，鼓勵大眾化的收藏才是目標。因此開始以寫上諺語、格言之類的平價杯子來促銷。或在杯子上的色彩應用及圖案藝術上求變化。尤其是鄰國東瀛則配合其茶道的精緻化，將陶藝融入茶杯、茶器，而走向禪文化的味道。而在形狀上，則以大小不同的夫妻對杯供夫妻「享用」等走他們獨特的發展方式。

我們可以在百貨公司居家用品專櫃看到日人的杯子文化（筆者認為）。他們在很普通的杯子上「印」上各種諺語、格言或繪上應景圖畫的茶杯來促銷，其內容的變化很富創意。下面是他們在杯子上所印的促銷花招的若干例子：

強調地方特色：旅遊日本時，各地土產店除了眾多的傳統杯子外，不難發現為了強調地方特色的杯子，有的印上地方方言與國語（日語）對照的杯子。這些方言北自北海道的蝦夷語，南到岡山的方言，所印上的大部份是將會失傳的方言。除方言外有的杯子將地方特有的花鳥，以「鄉土的花」或「鄉土的鳥」為題印出花鳥的學名，註上片假名以便收藏兼增加知識。

勸世文方式：印上如何扮演理想的夫妻，理想的爸爸、媽媽的勸世文式杯子也不少。其內容如：樂於工作但是考慮家庭和樂的丈夫，善言也善聽的太太等等不勝枚舉。另外也有處事哲學類的勸世文。例如：似深實淺者是知慧，似高實低者是見識等。

健康方面：將如何保持健康的方法予以條文化印在杯子。例如：少肉多菜、少鹽多酢、少車多走等等。甚至可以找到印上圖說並茂的健康野菜十種的杯子。

其他：在高爾夫球場的休息室銷售印上高爾夫名言集的杯子。可見其杯子文化已逾越土產店的範圍。其中有一句名言說：「高爾夫的唯一缺點就是太吸引人。」為了這句話，高爾夫球迷都會買一只回家當裝飾品或作為天天到高爾夫球場的藉口。

一個杯子如善於利用有感性的創意其商機是無限的。其他的商品又為何不如此呢。

(二) 職場上的創意

1. 追求高格調創意

據說在鴉片戰爭中，大多數清朝高級官僚面對強大的英軍而不知所措時，國家的安定由不發毫語，為自己的工作默默而踏實盡力的無名人士支杖。

淡淡或默默為自己的工作而盡力需耐心和智性。尤其是在動盪的社會中，如要不斷地認清自己的處境，必須具備自我分析和情勢分析的能力。歐洲的某一研究學者，對來訪者介紹獲得諾貝爾獎的研究成果時，不誇大也不謙卑，而從學問的整體中正確地說明其地位，雖然多少帶一點謙遜但是仍充滿自信。這種態度和氣質是值得學習的。

在功利主義瀰漫的社會中，有些主持人可能寧願鼓勵開發即時可賺錢的商品，也不願為獲得諾貝爾獎而投入大量的研究費用。製造本田機車而發展到本田汽車工業的已故本田宗一郎，曾以五十萬日圓為獎金舉辦「本田創意競賽」。第一次獲得頭獎者為，可裝入手提箱的折疊式機車，但是本田先生對此非常不高興。他指責：「誰要求製造即時可銷售的東西，將此類『東西』選為頭獎，可見審查委員的格調低俗」，並要求：「應鼓勵年輕人抱著更高的理想」。

能夠獲得諾貝爾獎者應屬於大研究、大創意。要培養此類有豪志者，需要一流的研究環境，良好的基礎科學教育和充裕的研究資本等，但是過去獲得該獎者之統計數字表示，劍橋大學畢業者佔五十人而哈佛大學卻未曾出現獲獎者，這種現象表示良好的環境以外，似仍有某種因素存在。

日本前首相宮澤先生在就職演講中提出建立有品格的國家，嗣後並註解所謂有品格的國家為，不驕不卑能忠實地完成自己該做的事的國家。一時間，日本國會論政出現了「高品格」的質詢。一改過去的謾罵、喝倒采式的詢問，議員們的質詢也引用我國《史記》、《菜根譚》，甚至國父孫中山先生的箴言也被搬出，例如當時的民社黨的大內委員長引用國父所說：「依民意者國立，逆民意者國亡。」來呼籲政治改革，但是日本輿論仍帶著懷疑的態度批評為所言甚是，只盼望有更多的高格調政治家的出現。

從古代歷史看，無論政治圈、企業界、學術界，要培養或出現高格調的人物並非易事，除時勢、環境條件外，個人的世界觀和修養才是最重要的因素。

企業的全球化已經成為我們必走的方向，企業要在國際性競爭中成功，其因素很多，有特色而高格調的企業文化則其中之一。例如台積電的「誠信」，台塑的「務實」，統一的「關懷」都是。

2. 培養野鴨式員工

經濟部曾注意到國營事業的用人事費用膨脹問題，實際上任何組織的用人人數都有增加的趨勢，尤其是企業為然。有人常比喻企業經營的重點在於如何留住人才，因此「企」字係由人和止二字構成。這種拆字解意是否真正反映創造企字時的原意無法求證，不過以企業來表示以人為中心的組織卻很高明。

企業組織隨著其成長帶來很多管理上的問題，其中因員工人數的增加而產生的問題特別多。因此早在一九五七年英國人白金森氏在英文《經濟人》雜誌發表白金森法則，其中第一法則就是：「政府官員人數的增加與工作量不發生關係，有時甚至沒有工作，也會以一定比例增加」。他對上述現象以「法則」來表達多少帶有諷刺之意味。他認為出現該現象的原因係起於①官員喜歡屬員的增加，但是厭惡競爭者的存在，②官員通常互相在「創造」工作。

這種現象已傳染到現代企業，因此企業組織越來越龐大。在先進國家流行「大企業病」一詞，該詞係形容企業巨大化後所患的病狀，亦即大企業對環境的變化無法立刻採取行動，為開會而開會的情形越來越多，大家為做決議而磨菇。

IBM公司的第二代經營者華德森氏（Thomas Watson Jr.）說：「企業需要有野鴨」，任何組織在逐漸擴大，易於失去活力，組織內的成員慢慢產生依靠組織的心態，而消失清新的氣氛。所以華氏描述埋沒在大組織內的成員為「被馴育的野鴨」。他認為這種野鴨已失去飛翔的能力，在自然界—複雜的社會，很難求生存。

IBM公司在一九九一年發生創業以來首次的虧損，雖然一般批評該公司發生這種情形的原因為，無法隨著時代的潮流轉變經營戰略，但是究其失敗的本質，實際上係該公司的龐大組織已無法保持員工的活力所致。IBM公司的遭遇不幸被自己的經營者言中。

活力消失又是自然現象。那麼如何才能避免這種循環的發生有待企業專家開出妙方。腦力激盪常被提出的激發活力的方法，因創意有時候是刺激的反應，企業員工在刺激與反應的連續中，保持生存的活力，恢復野鴨式的求存能力，而不斷的湧出創意才能對企業帶來活力。

3. 塑造企業文化的主流

曾有機會閱讀日本朝日新聞外報部各名記者對東南亞國家(地區)一系列報導的「合訂本」，閱後感覺到大自然環境可能影響一個民族文化，而一個民族的文化又影響或形成該民族的居住環境。在近代史中，民族的移動範圍擴大時，這兩者間的相互影響關係有如「蛋與雞孰先」的問題般難以解釋。以下是該報導的片段：

泰國與澳、加均有怡人的大自然和氣候，因而併列為糧食輸出國，過著「不必為明天而憂慮」的生活，培養成不考慮過去與未來只為今日而活的人生觀。有人說泰國人之好賭可能與此人生觀有關。

關於香港的系列標題，對住在臺灣的我們而言，既熟悉又厭惡，例如噪音都市、插隊等，無非是此地的另一寫照。另一報導則認為香港是「競爭社會」。由於香港為群眾社會，有一天成為巨富時就能在社會上出人頭地，但隨時可能變成赤貧而埋沒於人群中，所以可依賴者究竟為個人。換言之，香港是以個人為主體的集合體，香港人認為個人的主張就是生存本身。「人生就是競爭」是香港人的口號，在香港競爭關係著每天的生存。

在菲律賓，「哈囉哈囉」係一種顏色鮮明的冰果。當地的香蕉或鳳梨切成細塊，加在甜紅豆、紫色的地瓜餡上，覆上刨冰或冰淇淋再淋上煉乳，食用時先以湯匙攪拌予以混合，為菲人的嗜好物。哈囉哈囉含有混合的語義。有人說「菲律賓文化如哈囉哈囉」，真是妙語。菲國由大小七、一〇九個島嶼形成，約五千萬的人口由四十餘個部族構成，是個完全混血民族，菲國經由西班牙、美國殖民統治有四百年之久，因此成為「基督教和英語、美式民主主義」的混和體，和其他東南亞地區比較，在地理上、文化上成為異色的存在。

一個國家的文化如此形成，企業的文化似乎也依循這種軌跡而形成。

從以上的報導得知，文化的形成表面上是傳統和環境等各種因素，在求均衡的狀況下出現的整體。但是當我們為企業探討、建立新文化理念時，可用「分析」方法將它剖解成不同成分，找出每一成分的意義後，再以「綜合」的方法，重新安排組合這些成分，得到最有利的組合。台電公司曾將原有的經營理念「誠信、品質、服務」改為「誠信、關懷、創新、服務」，其用意為品質是屬於靜態、被動、對內。新的理念中「關懷、創新」是主動、動態。亦即希望永遠走在環境改變的前面，保持更強的競爭力。

4. 決策的一刻

我國電腦化工作的推行初期，可以說是由國營事業扮演「火車頭」角色。當時（五○年代）美國企業及政府已陸續採用電腦以代替需大量人工作業的工作。在美國能盛行的主要原因，除文字上的優點外，與其政府有關法令的配合及企業的制度化不無關連。

反觀我國，當時一切尚在萌芽時期，遑論有關法令的配合修改。因此推行電腦化需付出的精力及智慧是可以想像的。下述故事是當時「拓荒者」的經歷，其辛苦可見一斑。

當時臺糖公司的電腦化工作是國內的先驅也領先各國營事業，而率先將會計事務處理電腦化，因此帳簿報表均由機器產生，但是依據當時稅法和會計法規定帳冊必須有一種（總帳或明細帳）要裝訂成冊（不能活頁），且需事前送稅捐機關驗印。此種規定，難倒了電腦化的適法性。

臺糖在法令未修改前則採用電腦化活頁帳簿，經查帳人員認為「茲事體大」而提出行政院聯合查帳會議討論，並邀請審計部等有關人員出席商討適法問題。此案的主角為當時的主計處二局長、審計部廳長和臺糖財務協理。

局長一向主張一切處事均應適法，台糖協理在積極推行電腦化工作中，必須為我國企業的電腦化極力辯護其需要性。廳長必須在兼顧「適法」與「事實」，不願因審計技術而阻礙電腦化的發展。在此種情形下各長官在處理該案的立場相當複雜而責任重大。下面是解決問題時的對話大意：（註：細節容或與事實略有出入）

局長：臺糖由電腦產生的帳冊是否合法，審計部在查帳時有無困難。

協理：各帳冊均依據合法憑證產生，公司內部及第三者（審計部等）在查核帳務時，與人工作業時並無二致。

廳長：電腦產生的會計帳冊之使用應以配合公司內部的需要為重點。如臺糖在使用上無困難，而第三者查帳時，可隨時提供必須的追踪軌跡，審計機關可接受。

局長：（裁決）臺糖繼續試辦一年，在一年內，一方面修改有關法令，一方面檢討臺糖實施情形，作為正式核定之依據。

從此種簡短的對話可以看到每位主管在裁決的一剎那須具備創意性思考能力的修養，而這些創意性決策在在影響企業或政府機關的電腦化營運的命運。

那麼決策的瞬間所需要的創意如何培養呢？我們可以回顧「問題的單純化」一節所述「杜拉克式問句」的訓練法的精神，也就是開出問題的核心，然後集中精神解決真正的問題。換言之，如將問題簡化為一點（一件事），等於問題已解決了一半，剩下者就是針對問題下對策。

5. 研究的契機

研究的方法有：由少數人在短期間完成目的者，也有由一個研究室甚至由世界上的多數研究人員做各種學術性參與，花費相當長的時間和階段來達成某一大型研究。

這些研究開始的契機也有二種。一為，研究者對面臨的問題摸索解決方法，經過一段時間後凝集其構思，突然在某一天獲得解決的線索。另一為，專心於某一問題，在想像獲得解決方案後應有如何的最終領域時，突然轉入該課題的案例。此時對問題解決的構想並非技術性的問題，而屬觀念性的問題。

我們在日常辦公室時，也可以體驗到上述的情形。個人的職位分類，處室的分課設股辦事，係由少數人隨時完成或處理日常的工作，但一旦遇到較複雜的問題時，則另行組織委員會或小組，由不同部門的人員參與，以期獲得解決方案。

但是關於研究解決問題之態度，就有賴我們自己的處事原則。如一個人以混日子的心態處事，雖面臨問題自然不會主動去摸索解決方法，更遑論從摸索中凝集出構想，因此問題仍會停留在問題階段，無法獲得解決之道。

例如，電業中待我們解決的問題眾多，曾是熱門話題的負載管理，可以說是其中之一。這個問題從技術性層面去解決不如從觀念性層面去解決。

如將範圍縮小到電業會計面臨的問題時，可以舉出，投資報酬率及各種售電分類成本等問題：這些問題雖各國政府、電業人員及學術界不斷在討論，但是不管從理論上或實務上尚未獲得一致的結論。

關於探討電業投資報酬率問題，可以想像其影響之大，同時也可以想像到其研究可能發展出另一新的領域，例如電業設備使用率問題、市場利率問題，甚至企業的合理資金結構問題等。換言之，應著手研究的問題將會不斷地產生，而成為另一研究的契機。

在日常生活中的垂直和水平方面均有很多可發揮創意的空間。我們一切處理之態度要在於主動，如能湊合成主動積極的態度，我們的腦力可開發的餘地仍多。記得有一則笑話；

甲：世界上最未開發的地方在那裡？

乙：非洲。

甲：非也，是我們的大腦。

讓我們以改變自我的態度共同去開發它吧。

6. 超越自我

企業界，接棒問題始終是一項熱門話題，這話題也觸及「富不過三代」的諺語。這句話是從過去的經驗中所得之警語。

第一代在艱苦創業後，尚能注意如何培養第二代，而第二代在接棒初期仍能體會上一代的苦心，但是第一代凋謝後，鞭策之聲已消失，第二代在久享創新發展的成果後，人的惰性逐漸萌芽，對於如何培養下一代之念頭漸淡。如能及時覺悟，秉持「創業精神」去培植下一代，那麼企業自然可以延綿不斷，否則可能成為「富不過三代」的證實品。

日本流行「社長學」，指企業主持人應修之學問。其中對如何培養最佳接棒人乙點，在報章雜誌以公開社長（總經理）勉勵接棒人之私函方式，供有心人閱讀。其中一段有：「我準備將總經理的位子交給你，希望接掌後應『超越』我。」

這種勉勵方式，於公於私是一種挑戰性的要求。如只盼望下一代守成即滿足，這位總經理就不能成為總經理了。任何時代企業應在競爭中成長，而成長必須依賴主持人的能力一代「超越」一代。

另一則為：以座右銘方式勉勵下一代。其內容為希望社會經驗不多的下一代能銘記：

百聞不如一見
百見不如一思
百思不如一行

後二句為日本東洋製鋼、池貝鐵工兩公司社長贈給其接棒人的創造語。其用意為，企業主持人應在發覺問題以後，考慮更深層次的意義，而考慮後應付諸實行。換言之，經深謀遠慮後必須以行動來實現它。這是力行哲學的精髓。

我們所處的環境每天在變化，而變化是無止境的，昨日的成功不一定保證以後能以同樣的方式獲得成功。經理人員的能力應一代「超越」一代，但是在超越前一代以前應努力超越自我。

上面的故事雖然是以企業接棒人為勉勵對象，但是仔細閱讀可發現對我們創意人也有值得參考之處。因為故事中隱含著改變自己，改變想法，如此才能充分發揮自己的能力，將所見、所思去創新，來保證個人的成長和企業的蓬勃發展。

7. 創造新的財務技巧

「科技」乙詞之意義無人不知，然而「財技」乙詞雖然在國外企業界已成為「家喻戶曉」的名詞，但是國內在世紀末才被人提起。所謂「財技」是指財務技巧，就是充分利用金融手段提高資金籌措和運用的效率，以獲取更高的利潤。尤其是金融的自由化、國際化在進展時，就企業而言，資金的籌措已多元化，資金運用也有各種各樣可選擇的「商品」。因此，從實物產品可獲利潤已臨邊際之情形下，靠「財技」獲利就成為很重要的一環。

當世界景氣低迷，貿易保護主義抬頭的時期，企業靠實物商品可獲取利潤越來越低，企業間的競爭也越來越劇烈，這種惡性循環使企業靠實物商品的利潤，在平衡點的邊緣徘徊，很多大企業不得不另闢「財源」。在此種環境下逼出之一條路就是利用金融自由化、國際化所進行的新技術「財技」。

所謂「財技」說穿了就是，充分了解金融等環境的變化利用會計資料，以預算控制為基礎，進行更有創意的財務活動。簡而言之，在實務上「進行零成本的資金籌措」。

首先，在損益計算書方面，提高生產或銷售活動的營業成果，以營業利益的累積籌措必要的資金，減少或不再依靠外部資金。換言之，以培養企業的收益力和成長力來實現自有資金的管理。

其次，在資產負債表方面，注意借方（資金的運用方面）和貸方（資金的來源方面）的管理以排除資金的浪費。在貸方，可訂定交易規則嚴密防止應付帳款的不健全的膨脹。以此為前提設法抑制借方的應收帳款、存貨等，使其保持在合理的程度。

企業正面臨景氣、不景氣的波浪，技術革新帶來的製品壽命的縮短化，從少品種大量生產轉為多品種少量生產，消費者性向的變化等動盪時代。為因應這種動盪時代，必需尋找合適的生存方法。企業所保有的營業資產的型態如生物在變化，如何抑制某一部分資產使其合理化並不簡單，必需在企業組上下各階層「同心協力」、「全力以赴」才能期待其效果。

這是管理觀念上的創意，對提昇企業的競爭力而言，有時不亞於製程管理等技術的創意。

8. 注意資料的陷阱

要瞭解目前的複雜世界，愈來愈需要統計數字的幫助來解釋社會現象，因此數字的重要性也顯得特別重要。但是統計數字有時給我們帶來「迷思」，請看下面幾則報導。

有關美國對加拿大貿易的統計數字，美國曾宣布改用加拿大政府的統計數字，其理由為加拿大的統計數字更為正確。有趣的事情就是採用加拿大的數字後，美國對加拿大的貿易收支赤字每月有十億美左右的「改善」，因此這種統計對美國的整個貿易巨額赤字，有「少許」的幫助。

對國民所得統計的速報稱為QE（Quick Estimate）。美國的QE的發表相當快，但是嗣後之修正幅度也相當大。因此美國人諧稱QE為Quick Error。雖然迅速的統計對及早採取行動有裨益，但是如何在正確與迅速間取得平衡是一種難題。

依聯合國的統計，不丹與孟加拉均為世界的「最窮國」之一，但是不丹的生活實況遠優孟國，其原因為經濟學的國民總生產（GNP）係以貨幣的流動為基準。但是不丹的貨幣經濟尚在萌芽時期，不以貨幣計算的物物交換以及服務交換非常發達，而這些經濟行為無法計入GNP。在不丹，人民擁有祖傳的豪邸也很普遍，這些「資產」在未出售時則與GNP無關。其道理如世界銀行有關人員所說，英國人的GNP比日本人低，但是前者在石雕房屋過著優雅的生活，而後者住在「兔屋」般小屋過著忙碌的生活，究其原因，只能說「數字的魔術」所致也。

創意的訓練法很多，例如，腦力激盪法中的「刺激—反應」；分析和綜合的交叉應用；對習慣上的定義逐漸擴大其含蓋的範圍等等。這些訓練有時候以統計資料作為思考的媒介去推展，如上述的報導給我們的啟示，當我們利用這些數據時，應仔細推敲其背後的實況，以免中了數字的魔術而誤導創意。

9. 深究數據的內含

據說人類越文明越懶得去學習數學或利用數據有關的學科，例如統計學、物理學等。因此文明，首先帶來體力的退化，又逐漸「進展」到腦力的退化。在美國的學校，數學是學生最弱的一環。這種現象是否與近年美國經濟一直無法起色有因果關係尚待證實。

數學雖然大家不願去學習，但是演講或談判時利用相關數據或資料，往往勝於其他說明，也就是說，其說服力很強。但是假如應用不當則會產生負面作用，甚至可能成為他人反擊的把柄。

在中沙邦交發生問題時，立法院箭頭指向當時的外交部錢部長，其中某立委在質詢時表示，所有與我國有邦交的國家人口總和，僅佔全世界人口的百分之二點七，去掉沙烏地阿拉伯將只剩百分之一點三。話聲未落，錢部長立刻表示該委員數據有錯。錢部長指出，沙國人口僅八百萬人，南韓有四千萬人，按理減去南韓才可能出現損失一半的百分比。僅扣去八百萬人的沙國怎麼可能從二・七%降到一半的一・三%。當時立委犯了數據上的邏輯錯誤，不但未能發揮說服力，反而被部長利用做為反攻擊的依據。

在數據的應用方面，另一值得注意者為，瞭解數據所表示的含意。例如最近大家開始注意高齡化社會的來臨，所謂高齡化社會係指，人口結構中六十五歲以上者佔總人口的比率超過十％。一般對高齡化社會首先想到的社會問題是如何增加其福利以減輕個別家庭的負擔。但是如進一步探究其形成的型態時，可以察覺其對社會的影響不是單純的福利問題。例如其形成的原因為，「產少死少」則對勞動人口之衝擊很大。因為「產少」從長期看具有生產能力的人口比率將下降，同時又因「死少」而增加高齡人口的比率，將成為食之者眾，生之者寡的社會。故對社會的負擔將增加，假如其形成的型態為「產多死少」，則因為勞動人口之變化不大，對社會負擔自然較前者為輕。

從上述舉例可以想到「數據的應用可逐漸擴大其所含的定義範圍，追求更深一層的內涵，以期訓練自己的重新定義能力，但是，我們對於常利用的統計數字或財務比率等數據做創新的解釋前，不得不注意比率的形成的背景或數據的邏輯，以免發生一知半解的情形。

㈢ 生活上的創意

1. 生活的改善

夏天的來臨對學子而言，是一批同學在學成後舉行畢業典禮的季節。我們的畢業典禮總是在驪歌的莊嚴儀式中，帶著依依不捨的離情。但是美國的畢業典禮稱為Commencement，表示開始的意義，其典禮在快活的佈置及盛大的演講中進行，對即將踏入社會的年輕人，給予祝福和鼓勵。

畢業典禮，東方人以回憶過去方式處理，而美國人則對即將來臨的時光抱著期待的心情參加。這種差異也許起因於文化背景的不同，但是也暗示我們對事物可以從不同角度去想它。

國營事業的會計年度改為七月制以後，夏天的到來對會計人員而言，是為了年度結帳而忙碌的時期。但是近年來民意高漲以後，五、六月份又是國營事業會計人員為應付立法院疲勞轟炸式的新年度預算審查時期，所以夏天的來臨也是為「開始」而忙碌的季節。

會計人員好像就在這種周而復始的忙碌中過日子。因此很多會計人員已經忘記照顧自己的生活。假如能以休假等方式暫時離開工作崗位，或許才有機會去認真考慮如何生活。

我們如對生活給予關心時，應該可以「改善」。當我們處於物質豐富的社會裡，反而忽略了對精神生活應付出的關心。例如，在我們日常生活中佔大部分時間的書齋或臥室，想要居住得更快適，可以從投擲在信箱的廣告單中選購組合式書桌，移動式箱型貯物櫃來擺飾雜亂的書堆或雜物。客廳中的音響設備如不考究「高級」享受，也能以迷你攜帶型CD裝置代替，來享受由音樂陪伴的夜晚。

這些生活中的設備等硬體方面的改善，當然還要精神上、思考上的軟體方面的配合。讓我們在忙碌的世界中關心生活是否改善。

有人說靈感在心情輕鬆時出現，也有人說創意只是「概念的一扭」，所以創意除了不斷的自我訓練外，如何放鬆生活的步調也是創意人應學習的功課。

2. 忙中有閒

有一句諺語「最忙的人最有空閒的時間」，從表面上看有一點矛盾。忙人不可能有閒散的時間，如說有的話似乎有違常情，但是仔細想一想也有其道理。這種以表面的矛盾來引人注意的諺語，早在十九世紀中期就在英國流行。當時有名的「自助傳」也出現這句話。但是這種想法據說在古羅馬時代已出現，而有人以相反的方式表達，成為「無事可做的人最忙」的名言。也有人說：「豬的尾巴終日忙著在搖擺，但是並未做事。」

在我國找不到類似的成語，雖然有「忙裏偷閒」的成語，但是其含義卻迥異。

入秋後連續假期較多，遇天高氣爽適於寫作的季節，大家貪圖想完成那件構想，或實施這件計畫，結果這些大部份仍停留在計畫或構想狀態。有時這些未實現的工作卻在繁忙時完成。有空閒時容易執著於瑣碎的事情，而將時間虛度，最後等於吃掉空閒的時間。相反地，忙碌的人將事情迅速的處理，所以可享受事後的閒暇。

美國的經營顧問對繁忙的總經理所提出的諫言為；將當天應做的事項逐條列出，按重要程度給予順序，依序完成，如此可以不再無秩序地忙碌，結果應可以產生餘裕的時間。

在工作中所騰出的時間才是真正的閒暇，人家給予的休假並不一定是閒暇。世界上，往往愈是閒人愈為無聊的事而忙碌，同時在忙時喊苦，在閒時也在叫苦，所以如何安排自己的生活是很重要的。尤其是慣於忙碌過活的企業家，似乎也應該設法去實踐「忙中有閒」的生活。

據吳靜吉博士在民國七十四年創造力發表會提出十五項影響中國人思考的情意習慣中，有一項「嚴肅的氣氛往往使思考失去彈性，反而不如輕鬆的氣氛容易產生創意」，因此創意人應學習「忙中有閒」的生活方式，為產生創意培養氣氛。

忙裏偷閒的方式很多，自花費較高的打高爾夫到不必花費的慢跑等，有五花八門的方式，只要有心去安排，可配合本身的條件去量身「創造」。

3. 回歸樸素的生活

談起環保問題或垃圾問題時，可能和生活的方便脫離不了關係，因此要保護環境或減少垃圾就要問「能否犧牲生活的方便」。我們在追求生活的方便中不知增加了多少的垃圾、免洗餐具、塑膠袋等，這是最明顯的例子。有人說我們要過更「體恤」地球的生活就要過較樸素的生活。

談到生活的要求，日人作家山下氏在訪問泰國時，有了很深切的體會。他在旅途有機會住宿農家，對於該農家傢俱之簡且少，覺得非常驚訝，但是想起當時泰國農民和其友人在客廳的談話，證明雙方對生活的看法有很大的差距。其友人問及：「為什麼泰國人沒有想要東西的欲望？」泰國人卻反問：「日本人已有過多的東西，為什麼還想要更多呢？我（農民）想一定是日本人的心理始終處於貧窮的狀態。」對於泰國農民的最後論點，山下氏覺得非常地慚愧。

尤其是，住宿在農家的某一深夜，突然感覺有人走近其床邊，定神一看好像是個大男人，作家山下氏立即將錢包抱緊而做必要的準備。來人將手電筒照晃一下。是強盜嗎？山下氏想，但那人只是將山下氏踢開的棉被輕輕地蓋好，然後悄悄地離開，在月光下所浮出的背影竟是農家的主人。作家為自己的行為和想法感到羞愧。

一九九一年元旦澳洲籍日本人上智大學教授 Mr. G. Clark 和日本經濟團體連合會會長(東京電力公司會長)平岩外四氏的對談中，Mr. G. Clark 建議日本人除勤奮的工作外，應挪出更多時間去看看提高生活品質的書，並和家人共渡休閒時間，以扭轉過度追求物質生活的情形。

生存在物質越來越豐富的世界，追求生活的豐富化絕對不是物質的滿足，如只追求物質的滿足可能永無止境，可能把人類帶入「貪」的世界，所以回到樸素的生活而養成心中的充實感才是我們應追求的最高目標。

我們古代所傳下，有關於如何追求心中的滿足的經典名句很多，其中「澹泊明志，肥甘喪節」或「滿則招損」也許意含人類如生活在豐富的環境下會磨損求進步的意願，更不必談有創意的思考。所以有時候回歸簡樸的生活對創意的產生會有更大的助力。

很多藝術家、作家遠離繁華的都市，隱居郊外或山區去找靈感，可以證明此點矣。

4. 保持正面的人生觀

《聯合報》的社會版曾登載一則不大引人注意的感人故事。其內容為：經營「和菓子」日式糕餅生意的臺北市「明月堂」負責人周金塗先生因為感念一名計程車司機敬老尊賢，婉拒收費，最近連續在報端上刊登巨幅廣告，找尋這位好心司機，欲當面再道謝及贈送薄禮，一時傳為美談。

我們常用「報喜不報憂」來表示某些部屬隱瞞事實，只報「功勞」或長官喜歡聽的消息，對於可能影響大局的問題反而不提。這句話目前卻被大家用來形容大眾媒體只「報憂不報喜」，只報導社會黑暗面，眾多的「好人好事」似引不起傳播媒體的興趣。

好在當時輿論一再要求，新聞媒體對社會不正常的事件報導應客觀而不強調，甚至部份人士呼籲，先對媒體報導的怪現象做「消音」工作，來達到轉變社會風氣的效果。多報導社會上的好人好事有鼓勵作用，從改善社會風氣而言，應有積極的意義，也可以產生良性循環作用。

對於事象的觀察，最重要者為，觀察者本身的態度及對事象分析的公正性，其次才靠使用者（閱讀消息或資訊的人）本身的人生觀。同一事件，因為觀察者的態度或想法不同，可能被認為可喜的訊息，也可能成為偏向於悲觀的訊息。

例如，談禪的人常提的一個故事：有一位媽媽，大女兒嫁給做雨傘人家，小女兒嫁給做香人家。這位媽媽終年為兩個女兒愁眉苦臉。其原因為，晴天時擔心大女兒的雨傘賣不出去，雨天時又為小女兒的香無法晒乾而煩惱。後來經過「高人」指點，為何未想到，雨天時大女兒的雨傘一定是很暢銷，晴天時小女兒的香很快就能晒乾。這指點改變了這位媽媽的想法，從此她過著愉快的日子。

又，企業的財務報表分析報告，雖然有很多計算公式及指標可供應用，以期獲得客觀的結果，但在歸納或演繹分析結果時，難免會受分析人員的態度或想法而發生偏頗的現象，不得不小心。

創意的產生貴在從不同角度去思考問題，但是以正面的人生觀所創出的建議，對社會或企業才能發生積極的影響。

5. 錢的聯想

某公司內部刊物收到關於「現代婚姻的經濟分析」之稿件。內容係從經濟學眼光分析婚姻，並探討目前離婚率上昇的原因。該刊「編輯委員」在決定是否適於刊登時，意見略有出入，為求慎重乃交由臨時組成的小組討論。結果雖部分與會人員認為，該刊讀者均相當成熟，刊登不至於有「影響」，但是大多數認為有負面作用，該稿件乃暫緩刊出。

因此筆者憶及，過去常被討論的「愛情和麵包何者重要」的問題。這些話題雖不像「雞和雞蛋孰先有」一般不易獲得結論，的確也無絕對的答案。正苦於找出產生這些問題的原因時，在日本經濟新聞的方塊專欄看了《愛情和金錢》一篇文章，其大意為：

『假如有人問及「愛情和金錢何者較具體，何者是抽象性的價值？」時，毫無疑問地，任何人的回答是，金錢才是具體的。因為錢可以買任何東西，可表示具體的數量，可以互相比較，它是社會上通用的，所以具有具體性的價值。

假如只談及應具備能以數量表示或比較，又可以交換，愛情就無資格和金錢比較，愛情是抽象的。但是對人類而言，愛可以是目的，但是錢本身不能成為目的。愛是幸福的，但是有錢不一定幸福。

對人類而言，具體性的價值是目的，也就是幸福，錢是實現幸福的手段，所以它是可以取代的東西。從這一點看，錢似乎是抽象的價值。我們所以會直覺地回答錢才是具體的，是因為我們生存在只能以金錢衡量價值的社會。沒有一家公司的損益表列出表示「愛情」的項目。人類發明了相當方便的貨幣（金錢），亦即抽象的價值，因而創造了能實行充分分工，但是仍能互相協力的社會。

人類發明貨幣，在初期可能是為了便於將各種事項予以數量化，但是不久卻成為社會上唯一的具體性的價值和目的，不但如此，目前發展成為支配社會的構造，甚至人類的價值觀。』

這篇文章是否對上述問題提供解答問題的線索，留給讀者自己去體會。不過我們日常工作本來就對各種活動的各種因素（事項）中能以金錢衡量部分，透過會計制度予以歸納、分析、表達。因此資本主義的社會裡易於將社會上的任何現象，以金錢來觀察的毛病。盼望大家有時要拋棄銅臭，回到自然的懷抱，為自己的生活，創造嶄新的局面。

6. 甜美而光明的社會

社會上的物質生活愈豐富，一般人的唯錢主義或物質主義的想法會愈濃厚。同時到處可以「嗅」到錯誤的自由思想和貪婪的心態。這是一百五十年前，經濟繁榮後在英國出現的荒廢情形。

臺灣創造了經濟奇蹟後，不知不覺中把自己推到一百五十年前在英國出現的社會邊緣，而在社會上已出現精神生活的貧窮現象。

曾經轟動社會的砂石車超載鬧事問題，正突顯唯錢主義的貪婪心態。只為了賺錢可以蔑視法令，可以破壞他人的自由，甚至可以犧牲他人的生命。這種錯誤的自由思想也許比一百五十年前的英國社會更嚴重，輿論為之嘩然，傳播媒體不斷地譴責，但是要扭轉這種社會現象，有待沉默大眾的努力。

如何才能拯救這種執著於功利或道德敗廢的庸俗社會呢？當時（一八六九年），學者安諾德在他的《教養和無秩序》主張：只有以「甜美和光明」（Sweetness and light）所調和出來的理想和文化，才有辦法扭轉它。Sweetness and light 有很多譯句，有人譯為「優美和明智」，Sweet 也表示和諧，light 也表示理性。安氏認為，在世上綜合這兩者的優點就是文化。英文的 Culture 在個人而言係表示「教養」，而在社會則表示「文化」，所以該字有雙重含意。

如把教養和文化分開推展，則無法脫離庸俗化的社會，可能成為沒有理念的社會。因此以「優美和明智」或「甜美和光明」兩者所融合出來的理想和文化始能拯救目前的社會。

最近大家已提高對文化、教養或教育的關心，個人在日常生活中開始追求精神生活，企業界也開始提倡文化生活，連百貨公司也犧牲寶貴的空間開闢藝廊供顧客在購物外沾一點藝術的氣息，這是好的開始，但是如何借重安氏主張的「以和諧和理性的優點融合於我們的社會」，使我們的社會早日恢復秩序，進一步能脫離暴發戶心態，建立真正具有文化氣質的社會，實有待我們拿出「國人的智慧」去創造有品質的生活環境。

7. 以創造做為業餘嗜好

西屋公司有一位擁有四十多種專利的著名電氣工程師說：「任何人都應該有某種業餘的嗜好。一般人認為任何嗜好只要是嗜好就可以，但是嗜好也有差別。假如某些嗜好只為了取得某種東西的行為，那麼這種嗜好幾乎沒有做創造性活動的機會」。

近年流行的工作室或小型工房最具創造性嗜好之一。這種工作房可以包括，從製造非常高程度的東西到製造門柱的小木片。但也不必執著於此類手工性質的工作，只要做到創造性的努力都有幫助，例如廣告代理、理財諮詢、傳統藝術，甚至化學、調查、和工程等部門都可以。

社會上有人因為有自己的嗜好而避免一場災難。但是不要忘記在那事件以前，對自己的職業或事業應先費神去想出創意，去避免不幸事件的發生。

對新的促銷方法或新的商品提出創意的機會很多。例如試辦直接廣告的方法是很有樂趣的，可能每天早晨等待直接廣告的回信成為樂趣呢。雖然因此而略有損失，但是從其中學到何種廣告得了回信，那些廣告沒有回信，就值得回票呢。

假如你是企業的經營者而略有自由的時間時，務必設法為思考新的創意勻出時間。

又你是一般的職工時，如在工作上可找到空出的時間，請用在思考新的創意上。這種做法不一定要花錢，但是必須有某種程度的「技巧」。有時候，小小的創意或事象會成為機緣，產生逐漸擴大的創意或事象。

假如你尚在懷疑自己能否做出重要的事情，請再度思考，你的野心是什麼？你曾想過要做的事，為何機會沒有來臨？你是否依然屬於「假如如此就好」式的人呢？如前述，應再度想一想這一點，請對此提出明確的答復，很多問題會明朗化。在年輕時能達成抱負的人並不多，但是也沒有一個人不抱著想完成的事情。請作為嗜好做做一些事吧！

上述西屋公司著名的工程師，又說：「一個人的幸福或滿足是靠自己的努力由內心產生的。假如這是真理的話，我們的最大的幸福或滿足是直接靠我們的空想所產生的行動帶來的。所以對提不起精神或凡事覺得厭煩的人，最佳的滋養劑是，要有充分的自信，並且要完成人人能從心裡接納的事情。」

(四) 創造的禁忌

以上介紹了創意人的培養應該怎麼做，但是我們也不得不知道其反面情形，亦即創造不應如此。

①創造的基本性過程不應該是單純的靈感

但是，假如一種靈感與肉體和精神緊密地連繫，而對創造性任務和其他任務都能以敏捷而彈性的適應時，則另當別論。

②創造的方法不應該是單純的結合事物

我們不能抱住眾多的事物，以所謂的創造的名義下，用粗枝大葉的方法，將這些事物混在一起。我們必須經過改變事物的特性，或將其特性或性質適用於其他事象的程序。偉大的創造性業績的全部過程，有時包含數百的連續性轉換。一般創造的階段也是同樣的，經過各種變化和反覆的過程。假如你對這一點有疑問的話，試一試調查某些建築物，數一數其所應用的創意。又，對任何作曲，也可以發現無數的應用。我們的心中一時雖然只能應付一種階段，但是我們應可以迅速的處理它。在創造事物時，最重要的事情是考慮如何轉換。

③考慮的事物或特性不應該是單純的抽象性東西

這是我們要再度強調的事項，當想到某些特性或性質時，應與某些相關的東西一併提起。例如思考柔軟這很抽象的特性時，應具體化為日常常用的枕頭或天鵝絨的特性。

④創造的過程不應該前後脫序

如上面一再強調，創造通常表示連續而有秩序的過程，當創意思考的初期要改變各種特性時，通常應改變與原來的東西有密切關係的東西。例如將早餐用的飲料擴大為有商業價值的果汁，從橘子果汁到葡萄果汁，又從葡萄果汁轉變為其他的果汁，逐步將思考範圍擴大。其間物種在改變，但是應用的特性仍舊不變。亦即轉變時選擇的另一種東西，應前後有密切的關係者。例如，以網路銷售男士的襯衣，就應可考慮為何不銷售領帶。

⑤創造不應該是盜用他人的成果

當然創新和仿冒之間，很多情況只有些微的差異而已，尤其是變化細小時。通常精於專利問題的律師都知道，實際上要識別何處是創新的，有時其差異實在微小，其說明也在一紙之間的差別。因此我們所指的「新的」東西，應該屬於在完成前經過十多個以上的應用，不應指僅僅做了一個應用者。我們著手時的最初的創意，往往在其完成時已屬面目全非的東西。呆在那裡想如法泡製他人所做的人是無能的。一旦瞭解創造的過程，則知道創造是非常簡單而容易的事情，所以一見很完善的東西，通常也存在著可以改良的餘地。

人並不欠缺力量，
而是缺乏意志力。

——雨　果

延伸篇

一、創意人的素質

㈠具備科學家精神

1. 真正的科學家精神

物理學家A. G.貝爾（1847~1922）有一天訪問美國國立博物館的事務局長亨利。他原來只為了另一事情而訪問，但順便提起正在著手實驗以電線通話的創意。他問亨利此種創意如何？是否如其他科學家將此問題寫成論文尋找他人的協助，或獨自進行？

亨利鼓勵他：「你已找到偉大發明的線索，應繼續努力。」

貝爾回答：「我沒有足夠的電氣方面的知識。」

亨利提醒他：「那麼你應努力學習電氣方面的知識。」

最後貝爾學通技術上的知識而完成電話的發明工作。

今天科學上要完成的比貝爾的時代更複雜而困難。但是相反地，可供研發的對象越來越多。文明出現了很多的障礙，但是也提供了很多消除這些障礙的方法。並且由於應研究的對象眾多，獲得努力代價的機會也相對的增加。任何產業都有數百種的副次性產業，這些任何一種都有值得我們去挑戰的機會。

產業界和政府為了調查和研究年間花費龐大的經費，其結果發現很多事象，有的發現則成為大事業。

但是一般總是對科學家持有敬畏的觀念，而認為科學家就是穿上白色長衣，凡人無法達到的人類。認為是關在研究室被異味的試管包圍的人，更認為他們與魔術師相同的行業。認為很多特效藥也是如魔術師從帽子中取出鴿子般從試管取出。但是科學家絕對不是此類人物。

成為科學家，第一是想法的問題。偉大的科學家處理事實或創意比處理試驗管的時間多。我們在研究室看到的人，大部份在處理比較例行的工作，更大的創意或重要的問題是由在實驗室外，坐在辦公桌前面的人完成。

很意外，也是很不幸的，過去從事科學工作的人，事實上並不是富於創意技巧的人。因此在產業界產生一種重大的問題就是，如何使富於創意的人能充分發揮其創意。

很多大公司曾埋怨：「我們擁有眾多的大學畢業的工程師，要使這批工程師為公司做最有效的利用的方法，當然想利用他們的想像力，發揮他們的創造性思考。但是公司似乎面臨了一個實際的問題。也就是懷疑學校究竟採取何種指導方法。公司雖然採取公司本身的補救措施，但是一時難見成效。總之，創造是現代大企業深切感到必須解決的緊急必要事項。」

美國產業界的有識人士說了很多一針見血的話。例如：「因為創意與教育並無關係，所以很多優秀的創意是出自勞動者。」，「今天我們所面臨的障礙之一是，一般缺乏一種認識，就是動手的人也有思考的能力。」「雖然只畢業於初級中學的人，經過創意力的培養訓練，比不理解創造的可能性的一流大學的畢業生，更有機會成功」等。

總之，我們應理解一個核心問題，就是創造性思考並非填鴨式的教育。社會上，對科學的思考法本身和該方法對產生創造性創意之間如何關連，存在著誤解。

社會上，有二種人，一種是自己被認為科學家而感覺意外的人，實際上，他是真正具有科學精神的人。另一種人是自以為是科學家，其處事並不科學的人。後者，雖然整天玩弄試驗管或顯微鏡，實際上並未發現或創造，他們只重複前人所做的事，或依他人的指示在做被指定的工作。

真正的科學家應該是，從事去發現當時尚未被一般明確化的某種事實或關係，然後依據自己的發現進行研究，完成新的創造。而且在研究當中應不斷擴大視野，注意研究途中是否會出現什麼其他的寶貴事實。

科學家應該保持童心，其理由是科學家對任何事象都應該以懷疑的態度去看它。研究人員是在心中經常保留好奇心的人，這些人應未脫離對任何事象都以「為什麼？」的態度問人的孩童時代。對別人認為當然如此的各種事象，對他們而言是為什麼會如此的不可思議的事象。

2. 科學家的生活態度

科學家的生活態度可歸納為如下各點。

第一，儘量收集自己想要做的事實。

猶如 A. G.貝爾對電話所做的工作，最好在別人對該事情尚未獲得知識以前，率先獲得所需的知識。

第二，收集事實的同時，對該資料做徹底的觀察。所尋找東西的胚芽可能在街頭或商店裡存在。請回憶前述凱達林找到新的汽車塗料的地點就是最佳的例子。

第三，要依據過去累積的知識去運作。

在收集事實，仔細觀察相關事象的同時，仍要依據過去累積的知識不斷地，無意識地運作腦筋，在此種運作中可以意外地得到重大的啟示。

第四，應進行前瞻性的研究。

依據追溯過去的研究抓住某種創意時，應進行前瞻性研究，也就是對想到的方法，進一步思考實際上的可行性如何。

第五，注意已掌握事象的副產品。

實際進行創造時，仍應詳細觀察眼前正在發生的現象。也就是注意對已掌握的事象所產生的「副產品」。

這是我們很容易忽略的一點。哥倫布為了尋找航往印度的捷徑的途中發現西半球，法國科學家巴史加從種痘發現使人類對多種疾病產生免疫力的簡單方法。這些都是從偶然中找到的。英國的細菌學家A.弗萊明注意到化膿菌被惡化中的霉菌分解，由此成為盤尼西林的起源。丹麥的一組研究家注意到動物被限制食物會發生出血現象，由此發現該動物缺乏某些物質所引起。這物質就是今天我們所熟悉的維他命K。這些發現從他們的研究看都是次要的東西，但是均具有世界性的重要性。

第六，鍥而不捨的工作態度。

以上的敘述是否涵蓋了科學家的全貌呢？不然，科學家對研究過程中產生的副產物，必須全部進行研究，尤其是他們在其過程中未獲得任何成果時，更要繼續探討。副產物有時對企業而言，可能成為左右其命運的重大要素。

至此，科學家的任務仍未全部終了，因為某一科學家在完成一種事象之中間，其他的競爭對手也許正在完成相同的業績，所以他不得不想出更好的製品，以期維持事業的優勢。

＊＊＊

創意人的生活有苦有樂，有時成功有時會失敗，如何堅持下去，可從下列科學家的建言學習。

日人古澤明是從失意中崛起，成為世界注目的科學家，他在二〇〇六年初接受電視訪問時講了很多從「跌倒爬起」的經驗談。其中有關鼓勵從事創意工作者的佳句有下列各條，可供讀者參考。

樂在失敗中可抓到某些東西。
在失敗中隱藏著意外的發現。
科學家應有重頭再起的勇氣。
賭逆轉，應採取「攻」的手段。
樂在沈浸於任何狀況就是科學工作的生活。

3. 築夢和追夢

所謂創意，其本質不管工程上或管理上並無太大的差別，兩者發覺事物的過程都是，收集事實（觀察）據此進行分析（思考）。所以一般人在自己的範疇要產生有益的創意，也是歷經這種過程。

研究一詞往往成為唬人的名詞，實際上可以不必用研究一詞。牛頓發現萬有引力的法則，但是在我們的身邊尚未被發現的小法則仍多，這些法則，不必勞動研究所或科學家，可由我們去動腦筋。

但是，在完成某種創意時最大的障礙之一，就是我們缺乏一種能力，則對於某種事實不知道以前發生了什麼事情。當我們知道某種事實時，很重要的程序就是要先自問，「以前是怎樣的？」。如此才能找到求變化的依據，才不會重複前人已完成的成果，才不會枉廢時間在既有的成果上。

要找出想完成的東西或想改良的東西，並不困難。但是要進一步追溯過去，調查是否值得研究，才是困難的過程，卻是值得動腦筋的過程。

發現事物的步驟有三：
一、是築夢，
二、然後從各種夢想中選擇可行性高者（追夢），
三、不必拘泥科學性的證實。
完成奇幻世界迪士尼（Disney）樂園的華特迪士尼，一生致力為觀眾帶來夢想和歡樂。不過，興建完美的遊樂場是他的終極夢想，有這種構想，源於他每星期帶孫兒去遊樂場玩時，覺得那些場地都很髒，使人反感，於是他到處觀察研究各地遊樂場，並和遊樂場管理者交換心得。
一九五五年終於在美國加州建立第一座迪士尼樂園，之後在日本東京、法國巴黎、香港相繼建成。
從一隻米奇老鼠到一個滿載幻想和歡笑的樂園，華特在做夢、受挫、再做夢的過程中掙扎，此過程中支持他的，始終是一個堅定不變的信念：夢想終究會成真。
夜深人靜時，坐在沙發椅，對將來做做夢也是人生的樂事。可以從家庭的事開始，然後逐步擴大範圍，夢想各種各樣的事情。例如關於電視有無什麼妙案呢？彩色電視已很普遍，量產問題已不必我們去操心。可想一想，電視的利用方面有無新花樣，利用電視的開會，保全系統等有無突破性的做法等等。

到此，我們會碰到一個現實的問題。很多夢想也許需要大資本家的支援，換言之夢想（創意）並非全部可以實現，所以我們要從其中做可行性的選擇。想出的創意也需要實際一點，如此才有成功的機會，才能成為第二個貝爾，否則一生只做出廉價市場出售的不值錢的東西。你要選擇那一條路完全靠你自己如何用腦。

最後，你不必拘泥於眼前的東西須經過科學性的思考或科學性的證實。有的東西乍見非常科學性的，實際上非常簡單的構造。相反地，乍見非常簡單的東西，有時卻非常複雜。

總之，大家都有機會成為有創意的科學家。因為所謂科學如前述就是收集正確的基礎資料，據此做事而已。產生創意的材料在我們的周邊，等待我們去運用它。

有人說：「創意何時來很難預測或控制，但是有一點可以肯定；集中心神，不被外界事物擾亂，保持輕鬆的態度，那麼當靈感飄過來時，就可以捉住它。」

㈡ 應為多才的人

1. 成功不一定在本業

富蘭克林是電氣科學的先驅，美國獨立憲法的起草人之一，更是十八世紀最著名的文學者之一。他證明了閃電就是電，不是神的憤怒，他發明了避雷針，讓人類避免雷擊的危險。

柯南・德尹路卿曾是船員、醫生、戰時特派員等，他並不是靠他創造名偵探 Sherlock Holmes 的小說獲得爵位，而以他的戰爭記事《南阿戰爭 Boer War》而出名。

英國的邱吉爾首相獲得諾貝爾文學獎，但是從他的經歷誰也不會想到他是一位文學家。S. W.菲路德在三十四歲時已築了足夠的財富，原想從他的製紙事業退出。但是他對橫跨大西洋的電信事業有創意，在當時這種創意是遠大而創世紀的工作。從今天的眼光看它也許已成為一種常識，但是當時在大洋架設電線是像登月球般的大事。

美國經濟界的效率化運動的偉大指導人 H.艾馬遜是在中南部某大學的現代語教授。R. D.魏因智可以說一生中頻繁改變活動範疇的代表性人物，他是卓越的藝術家、工程師，也是科學界的先覺者，同時也是都市設計家。他是在任何工作都成功的萬能人。

那麼如何才能在多方面成功呢？為了避免誤解擬先聲明，在今天的進步的社會，我們所處的環境比上述各偉大的人物所處者更佳，可以做的活動範圍更廣。

例如，清華大學前校長沈君山除學術界的卓越地位外，他的棋藝及文學作品也是無人不知的精湛，他以敘述病房經歷的《二進宮》獲得九歌九四年年度散文獎。奇美企業集團的創辦人許文龍除在企業經營發揮其獨特的才能，帶領該集團的化學產品領先同業外，他的吉他造就也頗有名聲的。

又，在美國電信電話公司銷售冷凍器，製麵粉公司製造鋼板，鋼筆公司銷售打火器，製糖公司插手油田開發，鋼鐵公司從事營建業，製藥業兼營食品業或相反的情形已很普遍的現象，甚至已很難分出那些是本業呢？

2. 積極的態度

我們有時會發生一連串的疑問，是否任何人都可以做各種各樣的事？如何才能自由自在的運用腦筋？因此要做什麼準備？

又，我們在心裡一面在想：「我目前並不快樂，想改變一下現況，某種新工作看來不錯，我想向該方向進行。」但是另一方面又在想：「不，現在的工作較好，應該全力以赴目前的工作，改變它並不是有利的，不應成為『多方面』的人才。」

對這一連串的疑問的答覆是應該以多才多藝的創意人自居。那麼如何才能成為多才多藝的人呢？在回答問題前讓我們再回憶一下創意是什麼？最重要的一點是任何創造其根本都是相同的。創造性能力不管自創事業或受雇人員，或所謂的天才，本質上都是相同的。

這裡所述的相同點就是我們一再強調的創造不管其大小都是須理解事象的特質，然後轉移到另一事象，這種方法既相同，那麼在某一範疇可產生創意的人，應很順利地在其他範疇也能產生創意。

所以，只要你具備成為多才多藝的基本條件，你就能成為多才的創意人，這些條件是：

①具備積極的態度—企圖心
②具備互相關連的多樣性知識
③富於冒險精神

當美國陷入不景氣時，有一夥經營傳播事業的合夥人，從事業抽出部份資金，以嶄新的創意開始旅館業，成為世界屈指的旅館業者。當時旅館大部份轉移到對旅館經營沒有經驗的保險業或債權人手上。雖然上述合夥人也是無經驗者，但是與眾不同的是合夥人收集了如何渡過難關的創意進行經營。

創意中與眾不同者為，合夥人購買一般股東已失去影響力的旅館，以自己的創意改造。例如考慮客人的舒適感，裝設冷暖氣設備，改變裝潢，把廚房近代化等，一方面節省各種經費來降低住宿費。在多項吸引客人的措施下，他們經營的旅館成為有名的喜來頓連鎖旅館。

內布拉斯加大學有一位與眾不同的文學院教授C. W.歐萊斯，他原來正在專心研究沙士比亞文學，而過著貧窮是天職的生活。有一天他突然與同事說：「想到德州開採油田賺錢。」從此以後傳出他失敗了，也傳出他賺了很多錢，消息內容不一。實際上歐教授收集了不少有關石油事業的知識和資料，以一般人未想到的方法進行他的創業。他調查二大石油公司所有地之間的狹窄地，該地區二大公司彼此都以為是對方的地而未取得它。歐教授的慧眼發現此漏洞，購得開採權利。後來二大公司得知此消息後出高價想購買但被歐教授拒絕。

此實例給我們的啟示為，以逆向思考事情往往可以產生創造性的解決問題辦法，例如歐教授做了很多人認為不可行的事，但是結果他成功了。

總之，關於多才有一件一般人容易忽略的重要因素，亦即在任何活動範疇，可以自由運作腦力的餘地很多。同時大家要認知，任何問題其根本點就是積極的態度是唯一推動事情的力量。

3. 多樣性知識

多才的人除具備對任何範疇的基礎性思考法外，應具備可以自由活用而互相關連的多樣性知識。

美國在景氣不佳時期，哥倫比亞大學大眾傳播系畢業的學生就業情形比他系更好，沒有一個在平均年薪以下。這事實表示只要具有豐富的創意力，在任何場合都能成功。從事新聞、出版或傳播的大眾傳播相關工作的人，有的跨入金融業，有的在出版物中採用棋盤填字遊戲（Crossword puzzle），使出版業務業績上升成為大出版社。總之，偉大的大眾傳播人員不以該業務範圍為滿足，以其多方面的知識，跨入各行各業。

以J.布漢為例，在被任命加拿大總督前是作家、隨筆家，也是詩人、律師、軍人、實業家和議員。其中作家、隨筆家、詩人互相有關連是不必待言的，又律師和議員也有關連。至於軍人生活是對一般事業都有幫助的素質。

在巴黎很有名的設計師克莉絲汀•迪奧，曾想做作曲家或建築家，所以經營美術館，但是最後以女士用服飾設計師成名。他的店員常說：「我們不是賣衣服，我們是賣創意。」

S. G.尼克在美國德州南部的聖安德尼經營皮鞋的修理和擦拭工作。他想在聖安德尼近郊一定有很多人希望有類似服務的店鋪，因此派人到近郊的小街調查能否以郵寄方式送來修理。不久他在聖安德尼的店鋪，從近郊郵寄來的工作超過本店的工作量。

尼克不以此而滿足，他思考除修理、擦拭皮鞋的工作外大眾還有什麼關於鞋子方面的需求。其結果他想到修理要兼顧到老鞋子的好穿和新鞋子的質感。一般人由於老鞋的好穿而執著它，在修鞋仍保留原有的「配合感」，而對其餘部份予以新做。一般人對新鞋有異和感乃起因於不合腳型，所以很多人來他的店做鞋子的「調馴」。

尼克充分利用相關連的技術和經營方面的知識，開創與一般人不同的「鞋業」基礎。

4. 富於冒險精神

很多人會質疑，我們是否能抓住機會？人類本來就是有賭性，在人類社會不管貧富，不管文明社會或原始社會均有賭博的流行，就可以證明此點。但是離開樂透彩的猜數字，大家都有想證明自己的判斷是否正確的心理，亦即想決定優劣的心理，這種心理可以說是人類的冒險性的本能。

一般的人都認為在實務上很少有冒險的機會，所以才以買彩券一賭運氣，但是純粹的賭博或對絕對不可能實現的事賭上將來，都是空想而浪費時間，是百害無一利的。在這裡不是在批評金錢上的炒作，而是指賭博奪走了人生對其他任何事情的興趣，更甚者賭博對社會的福址的提高並無任何的貢獻。

人類多少有「一諾千金」的心理，問題是如何運用它，如何以自己的能力抓住機會。事實上在人生或事業存在著，比使人人瘋狂的賭博更使人興奮的冒險性工作，但是問題是很多人在有意中避開它。

大家可能認為能一賭機會的人都具備了可以冒險的實力，也就是認為這些人都是有財力的人。實際上不然，從反面看，有能力去冒險的人，應該是，當「事與願違」時也不會有任何損失的人。

年輕人在結婚前或職業穩定前都富於冒險心。年輕人在二十歲年代有多次轉換工作的經驗，是最有幫助的事情。反看較執著於某一工作的人，他們可能一生中沒有任何機會的來臨而只好抱住一個地位。但是這類人假如改變了環境，也許可獲得更佳的工作機會。

我們偶而會在報上看到表揚教師在鄉間同一學校服務三、五十年的消息。雖然該故事本身是一種了不起的事情，但是反過來看，該老師應該可以選擇更快樂的生活方式。

那麼如何測試自己是屬於能自由自在地運用腦筋，主動地去掌握機會的人呢？在此建議一種簡單的測試方法，假如你是源源不斷地產生各種各樣有益的創意的人，則從事各方面的工作對你是有益的。但是相反地，假如你是搜索枯腸仍難產生創意的人，就不要去想換工作了。

以上列出成為多才的人的一般性原則。創意可以帶你「旅遊」各方面。假如你充分運用自己的創意，而別人也歡迎該創意時，沒有任何事情會阻擋你。但是要知道究竟自己的才能要應用在什麼事情，必須探索不同的範疇，你具備了越多的知識，創造的可能性就會越大。至此，就可以發覺值得去開拓新的範疇。萬一在立場上不能推向其他的範疇時也不要悲觀，在目前的工作上只要肯動腦筋，可以開拓的餘地是然無限的。

㈢ 應有應變能力

1. 創造性的解決問題

美國內布拉斯加（Nabraska）州的寒凍刺骨的早春，不景氣的浪潮沖擊美國全土，故事的主角連吃飯的錢都沒有，口袋裡僅有美金二十五分。

此時，他可採取什麼方法渡難關呢？也許大家會想到跑到救世軍或政府的救濟部門？或乾脆跳入密蘇利河等。故事的主角則為了僅有的二十五分用在早餐或勇敢地用作再起的資金？正在掙扎。

在此種情勢下通常我們會想到不應著手任何工作，因任何買賣無法期待有成功的希望，事實也是如此。面對此種絕望性的世界，主角想到挑戰性的一策，恰巧當天也是產生這種創意的最恰當的日子。當天汽車的玻璃不是結上冰塊就是蒙上霧水。這種情形對他是絕佳的機會，他是觀察力很敏銳的人，他知道好像某一種德國製的肥皂可以防止窗戶玻璃的結冰。他找了藥店，以僅有的二十五分購買此類肥皂。

然後開始巡迴加油站，實際表演此種「新」的防凍劑的性能，最後將所剩的肥皂片賣給加油站或加油客。有的加油客甚至訂購一美元的「貨」。如此他先解決了早餐，再批進肥皂向其他加油站推銷，不但解決面臨露宿問題，也逐步擴大「事業」。

目前他在密西根州擁有一家相當規模的化學工廠，他不喜歡道出姓名，但是上述辛酸故事對他是難得的回憶。

上述故事就是創造性解決問題的案例。我們都處在「問題的時代」，在我們的身邊推積了上千上萬的問題。世界上到處都是待解決的問題。政府，家庭或個人每天都會遇到新的問題。而問題像流行性感冒在傳染，甚至跨國界震撼人類。但是沒有人相信問題可以全部解決。因為今天任何事情都在跨國性規模的變化的時代，隨著變化有更多的問題會出現，解決了一個問題，可能產生更多的問題。

如前述，創造性的解決問題，通常要回顧過去做重新調查。問題通常由於當事人的緊急度，應與普通的創造性需求有區別。普通的創造，不管是前進性的研究或回顧性的研究，不會被強迫去做決定。但是一旦發生問題時，不得不設法考慮解決對策或被迫為解決而苦惱。換言之，我們會被迫做二選一的處境，也就是要做不情願的解決方案。問題會不斷地催我們做出最好的對策，所以我們必須以更好的解決方案來克服問題。只有具有強力的破壞力的解決對策才能粉碎問題。

有時候，偉大的人和平凡的人的區別在於對事情有無創造性的解決能力。很多人以為，能解決問題的人就是有創造力的人，實際上這是錯誤的，這些人只是「事務人員」。為了不淪為這種人員，對重大的問題要想出「新的」解決對策。

現在的世界，每個人要走的路線是不同，假如處在創意的競爭時代，我們仍過著依常識，在「框框裡生存」的方式，將被時代淘汰，我們不得不依自己的意見去行動，依自己的喜歡去生活，並追求在「框框外生存」，如此才不受外界的影響，依自己的意志卒直思考，對重大問題湧出創造性的解決方案。

社會上有人將不是問題的事象視為問題。例如泡咖啡館要排在星期六或星期日，要穿白色或條紋的襯衫，都不應視為問題。值得我們操心的問題應指顯然屬於重要性的問題。同時這些問題才是真正值得做創造性解決。這類問題通常需要費很多時間和金錢，甚至要把自己的未來賭上。

在此擬重述，創造性的解決是指，使聽者或看者能另眼看待的方法或對策，也就是使別人覺得「原來問題可以如此解決，真沒有想到。」請回憶前面創意的運用乙節中「決策的一刻」的故事。

將問題以粗糙而通常的方法解決的人，與以創意性的創意來解決的人比較，是完全落伍的人。

2. 解決難題可以繞道

世界上問題不曾絕跡，其中有科學範疇的問題，中小企業經常遭遇的共同問題，或為了著手某種創意時一直無法定型的問題，或電腦程式期待的結果無法試出的問題，這些可能有某種基礎性原理在阻擋，也許使用錯誤的材料。此時計算機無法發揮作用，好像案情進入死胡同，遠在自己的能力之外。

除非你是台塑等大企業集團，不可能每人都可以投資設立研究所或聘顧研究人員。但是我們已進入二十一世紀，雖然問題比以前更錯綜複雜，但是中小企業也有更多機會求助他人的方法。無法解決的問題可以委託專設研究所或大學。

例如在美國最有名的俄亥俄州哥倫波有一所有名的非營利性巴特紀念研究所，在二、三十年之間研究員從二十五個發展為數千人，設備方面可以應付任何科學性的問題。例如愛琴鐘錶公司曾委託該研究所研究鐘錶用的非磁性彈簧，在美國曾一時銅的需求量銳減，某大製銅公司委託該所尋找銅的新市場。不久該研究所完成了，在船底塗上含銅的特殊塗料防止一種海螺附著，在肥料中加銅可以提高煙草的生產量等的研究成果。

如上述，只要人類存在問題永遠會出現，但是對工作上或生活上的問題，以創造性方法來解決是很有趣的一面，那就是比解答數學上的問題有更多的解決方法。要達成同一目的有眾多的方法，條條大路通羅馬，猶如可供休閒的地方很多，但是追求享受的目的並無二致。

試想假如將大潤發、特易購、家樂福的業務員集在一起，在新的大賣場工作時，是否很有趣呢？他們可以各自發揮在原賣場的促銷方法，因為促銷貨品的目的是大家都一樣的。

最後，假如問題遇到瓶頸無解時，可以考慮繞道而行。例如在美國的某體育雜誌有一則有趣的發跡故事。某體育記者在芝加哥的報社工作，有一天臨時被派去採訪棒球比賽的新聞，他對棒球比賽的詳細規則一竅不通，只好以棒球的趣事代替比賽情況，這趣事大受歡迎，從此發展成與過去的體育新聞異味的記事。

日人竹村建一在其《欲望造就人物》一書敘述：一九六〇年代將美國國際電話電信公司（ITT）築成巨大企業集團（conglomerate）的風狂人物詹寧氏是採取勇猛手腕「吞併」其他企業的戰術。竹村氏形容這戰術可以用美式足球賽的攻法來比喻。這與一般企業採取的棒球賽方式完全不同，對有賺頭、有活力的地方，不管是什麼方向則採取猛衝是詹氏的特質。所以詹氏是足球選手，他不採取一般企業遵照既定路線一壘一壘攻佔的策略，而喜歡採取伺機可自由繞道攻佔路線的足球方式。

有人說：「企業成長的最初也是最終的重點在於『時效』」，也許這種比喻對解決難題可以繞道的說法，給予某種啟示。

假如在你身邊發生了什麼問題，請試用這種創造性解決法。但是千萬記住一句諺語「欲速則不達」，繞道也是達成目標的捷徑之一。

3. 跳出死胡同

從前對創造性的想法一直存在著一種常識，亦即，妙案是如閃電在腦裡突顯出的。但是大家都無法正確地說明，如何才能發生。

另一種廣被知曉的說法是創造性想法的有力方法是睡眠，只要睡著了！半夜中會出現妙案而清醒。

這兩種想法都值得探討，第一種想法的閃電式創意，並不可能對任何人顯出。第二種想法也有很大的問題，人在疲倦時就想睡覺，因此這種想法本身是否有一點天真？妙案的閃電無法出現，就採取睡覺方式時，可能百分之九十九無法得到任何創意。

有的人並不滿足只做平凡的事，這些人期望於魔法。當然大家都希望不費勞力能抓住創意。美國最高法院也有判例認為「發明是天才的閃光，是一瞬間的解決。」但是在闇房或車庫艱難辛苦後成功的發明家一定會對這種判例做反對的判決。

人類的腦筋突然閃出創意是事實，又在深夜突然想出解決問題而清醒也是事實。但是為什麼百分之九十九的人不會產生這種現象呢！其答案是十分明確的，因為他們對於浮出輝煌的創意，沒有做任何準備，也沒有接受它的用意。

如何才能加速發現的過程？如何才能對產生創意的工作迅速起動腦筋？如何才能做周全的準備？

通常一般的人只發揮其四分之一的精神力，所以無法完成應該可以完成的事。生活的悲劇並不是腦筋或教育的貧困而引起，是我們未能充分利用原有能力。換言之，大部份的原因是缺乏如何確保或發揮創意的知識。

在目前的競爭社會，因疲勞引起的精神的消沈是很普遍的，尤甚者成為一種慢性病的人也不少。疲勞，尤其是精神上的疲勞已成為人類對目前工作感覺厭倦的直接原因。假如你只在追求一種創意時，這種現象尤為明顯，想要徹底追求往往更容易使精神疲勞。所以創意應在輕鬆而自然的情形下產生才是正道。

有人說：「心情很不好的時候，靈感就來。」但是有更多人卻說：「休閒、踏青、或獨處是靈感如泉湧出的時候。」心情平靜的觀賞自然景物時，或對周圍事情心有戚戚焉時，往往靈感就勃發。

如何能輕鬆而自然地產生創意呢？我們建議一種休養法，亦即將腦筋從一個問題轉移到另一個問題。

下面是可以將三個創意變為如一個般的輕鬆的進行的秘訣。當你為某一問題傷腦筋無法進展時，先擱置它，暫時（數日）從事其他的問題。如此將各種問題循環思考時，可能比抓住一個問題苦思更容易獲得解決之路。

另一種休養法是，一旦完全碰到瓶頸時，乾脆不做任何事，而延後思考這一件事情。換言之，有時要暫時遠離問題。曾有一大企業訴苦，他們的高級職員很久沒有提出好的創意，是否有什麼障礙？經專家指點認為，可能公司對這些高級職員未能給與思考的空間、時間。

採取這些休養法後，可能陸續湧出創意，因為腦筋比我們本身對任務更有心得，不必有意識的指示也自然會有動作。假如過份的使其緊張，反而失去效果。例如我們雖然被置於新的環境，但是心裡仍然如舊在運作。

總之，當我們為目前的計畫「走頭無路」時，可以試採下面四種方法之一。

①做不同的事情

②讀自己專業以外的書籍

③做戶外運動，至少出去散散步

④拜訪鮮見的人

這些方法乍見有一點矛盾，但暫時離開意識中的問題是很重要的。尤其是我們的談話對象如能變換時，不但可以把氣氛鬆懈，也可以得到意外的創意來源。

㈣ 需要有耐心

1. 創意被接納需要時間

有人說：「一種事物能成功最重要的因素是堅持的精神」。例如，早期美國的劇場同時上演電影和話劇。當時某明星（後來才出名）在演電影前出來表演時甚至遭遇觀眾的退場抗議，但是該演員如果就此退出演藝圈時可能就沒有後來的著名明星。他未因為被退場抗議而停止演劇，後來他逐步提高其知名度。

一般大眾的心理有時候是，對初期完全不關心的事情，會逐漸引起關心，而發展出熱狂。社會上這種案例很多，例如，美國喬治亞州的醫師倫克於一八四二年就使用醇精作為麻醉劑，但是一般普遍採用醇精是在四年以後。據說西屋氏在他三十歲前就完成空氣剎車器，但是被認為該時代的重要發明是經過他在中年前的狂熱性的努力才得到的。

社會上很多寶貴的發明，因當事人缺乏咬緊牙關去努力使大眾接納而埋沒的案例很多。尤其是年輕人應認識我們的前輩在苦心慘膽下想出各種發展或改良，但是真正的辛苦是那時才開始的。他們遇到挫折時，在愈挫愈勇的意志下貫徹初志。

推銷創意有如上述的困難情形，那麼我們應如何處理這種情況呢？

社會上有的人一生中與不起眼的創意格鬥而未見其成功就終生者，也有人想出的創意一直在被大眾接納前，不曉得它的價值者。當然大家都不喜歡浪費自己的一生，所以對最高的創意是值得賭上一生的。因此建議當你有創意時，暫時只注意它的成長。這種做法並不表示將自己的創意埋沒。這種做法是，當你的創意太超前時代，或不適合現在的潮流或創意過於龐大，在數年內很難付諸實施使其成功等情形時，應採取的方法。

沙士比亞在當時被認為是一個沒有出息的文人。E.勤納為了大眾瞭解天花接種的效果，費了九牛二虎的力。所以大家必須有耐心將很多創意，保持到適當時期。當時機好轉，而發現對所保持的創意有推出的方法時，給與臨門一腳的推力。

有時候創意栽種後能成長需要相當長的歲月。但是一旦成長，能送出社會時，大眾的歡迎程度是很驚人的，過去對該創意不聞不問，而接洽函寥寥無幾的情形可能改觀，每日有數十封的來函。從此就打開勝利之門。

有人擁有很多出乎期待的創意。其中也有歸於失敗的，但是其中被視為沒有成功希望的創意，後來成為其他創意的寶貴補助者而重見陽光的情形也很多。

任何創意不要完全放棄，這類創意有時候改變了「拌合」的方法，可能成為其他創意的有利的助力。所以希望大家將各種創意長期保存在身邊，如此，有一天這種創意可能會成長，而被證明其為健全的。

2. 要等待創意成長

很多發明效用無窮，但是起初往往不被看好，甚至如馬克吐溫說：「新想法成功之前，往往被一般認為，想出這種東西的人，不過是個怪胎。」

歷史上這類例子比比皆是，有些具有影響力的發明，當初都被斥為荒唐。不過這種挫折在發明人的耐心促動或環境的變遷才浮出見世。

例如，電話的發明，當時（一八七六年），被西聯匯款公司一個高層主管宣稱：「這個叫做發明嗎？缺點太多不宜作為溝通工具，對本公司毫無價值。」

有聲電影出現時，被華納兄弟公司譏笑為：「拜託！哪會有人想聽演員說話？」

至於電視出現當時（一九四六年），二十世紀福斯公司的達若・薩努克也說了名言傳世：「電視推出半年就會滯銷。每晚盯著同一個小木箱看，大家很快就會厭倦。」小型家用電腦問世時（一九七七年）迪吉多器材公司的總裁還鐵口直斷：「沒有人想要在家裏擺一台電腦。」

再看看影印機，在一九三八年，紐約專利代理人契斯特・卡爾遜不想再用複寫紙，於是在自己簡陋的實驗室，設計出一種自動複印的機器。

他帶著這發明去找 IBM 公司，IBM 回覆，既然用輕便的碳紙就可以複寫，哪會有人想用一台「笨重機器」來做同樣的事？卡爾遜發明的影印機，如今每年複印文件數十億頁。

在化學的範疇有幾十萬種的物資被合成出來。而每年以幾萬種的速度在增加。其中可能有無數的成品，在醫藥品上具有很好的效能而未被評價。例如，有抑菌作用的氨苯磺胺是一九〇八年某染色化學工廠創造的，但是這種成品在半世紀後才以磺胺劑等醫藥品使用。

大家都有機會培植創意，觀察它的成長，猶如經營果園培植很多創意，樂在看它們的發展，每天做灌水、剪修、接枝，也許有的會枯萎，但是很多創意會成長，帶給你豐富的果實。

二、創意與活力

生命的價值在於是否善加利用，
而非長度。

——浦魯塔克

1. 以童心保持活力

「最近日子過得很快，日子好像在不知不覺中過去了。我的年歲又增加了。」「假如我再年輕十歲時…」。

這類的話在日常生活中不知聽了多少，這些日常話中具有非常重要的意義。時間好不客氣地和時鐘一起在進行。今天這一天不會再回轉過來。

時間是神秘的，在讀書時，坐在椅子上時，也許不覺得時間的神秘，時鐘在刻秒刻時地進行，太陽昇起又西斜，不過就是如此而已。

但是，假如你在某一天從旅行回來。你不過是離開老家一個禮拜到各地遊覽，你到溫泉旅館泡溫泉，嚐美食，或在商店街觀賞最近的新商品，得到不少創意的來源。在百貨公司得到想像以上的新鮮感。回程也繞道探訪有史蹟的景點。如此回家後回憶一下，好像過了漫長的時間，但是實際上不過是一週的事情。

再者，假如在閱讀日本的近代史，對於明治維新的初期十年的動亂的敘述，遠比德川幕府二百六十餘年的史實，著墨的頁次多的很多。對此，好像被時間這個問題所騙。不，也許說被歷史書本所騙較妥。

時間——它是什麼東西呢？我們坐在椅子上計時，依時鐘計算是三小時，但是我們可以感覺二小時或五小時。不過假如是冬眠動物，在冬眠時就不會感受時間的推移。

時間的問題是極單純的事情，它是三點半，你是五十歲。一天是二十四小時，在過去半個世紀之間，世界移動了五十年。這些事情都是不能動搖的事實，正確的事實，但是時間只指這些嗎？

我們說時間在過，但是在移動者是否是時間呢？使過去或現在指向未來的東西是什麼？那是我們本身或周圍的變化。時間猶如反映事物移轉變化過程的電影。

世界上發生的事情，比時間或日曆更能正確的知道時間是什麼。

最初且最大的事件是人的出生，其次的最大事件是死亡。在這二件事件之間，發生各種各樣的事情。這些事情連在一起編織時間和生涯，而這些事情包括重大事件和平凡的事件。

那麼這些事件是什麼性質的東西呢？有的發生於我們體內，有的由於自然法則而發生，有的由於人類集團的力量，強制於我們，但是大部份是我們自己引起的。

上面所述的重大事件有一種特徵，就是事件的「新鮮性」，它是決定事件與否的重要性的因素。

當兵入伍是一種事件。第一它在我們的記憶上留著無法擦拭掉的痕跡，開始一、二週可能度日如度週，但是想到服兵役的軍旅生活都在一、二年時，則開始既來則安之，經過最初的二、三週後，以後的每一天會感覺很短，假如退伍前決定留營當職業軍人時，每天在我們的記憶就更短暫的，為了避免如此，我們必須不斷地在每天注入新鮮的事情。

假如春節如禮拜天，每週一次時，很明顯地不再如每年一次具有重大的意義。又，假如我們是著名的風景區的導遊時，欣賞風景就沒有一般遊客那麼興奮了。

追求新奇是人類精神的最寶貴特徵之一。這是人類或世界發展的原動力，也是個人成長的支杖力，同時也是我們可以保持活力（年輕化）的來源。

人類自出生以後，即不斷的擴大對事物所看、所做、所想的範圍，因此也對生活充滿了快樂、光明和喜悅。在漫長的生涯中，存在著無數的嶄新事物，因此我們不得不繼續不斷地去發現新的東西，我們也隨著它們在變化。每天要扮演如航海家鄭和的角色，逐步擴大你的「領土」。

那麼在什麼時候開始停止扮演這種角色呢？這是很有趣的問題。這時機是在你自己想要停止它的時候，這也是我們停止扮演探險家角色的唯一原因。這種情形同樣的也在企業發生。

當我們停止扮演探險家的角色時，我們的活動圈會趨於固定，時間的經過也會感覺急速的加快，生涯中已無新鮮的東西，人生也開始退色而趨於單調，好像在我們的生涯中已沒有空間來存放新的經驗，所以擴大經驗的範圍趨於停頓了。

很多人大概從中年時開始增加這種「虛的空間」，本來應該由各種各樣的事情來填滿的那些空間，幾乎不再發生可填入的事情。

實際上，我們可以經驗的範圍應該能夠再擴大，也沒有阻礙其擴大的原因，但是實際上擴大是停止了。其最大的理由是我們忘記了一句名言：「知道如何永遠保持年輕活力的秘訣是，學到如何保持童心的人。」

2. 以創意追求企業活力

社會上的事件都是由於創意的實現引起的。創意中有的是瑣碎的創意，有的是革命性的大創意，但是世界由於創意和因創意帶來的事件不斷地在變革。

當然事件或創意如影響個人一樣會決定企業的消長。例如很多公司被認為「在近幾年間沒有做出一種創新性的事情」。此時，一定會出現優異而充滿創意的競爭對手，把上述老舊的公司推到後面。

很多實例證明小公司不斷成長，最後擊敗歷史悠久的同業。所以有人說：「使企業老舊化的東西不是時間，而是推動企業的創意的多寡。」

任何企業都在面臨劇烈的競爭，經營者不得不拼命努力去利用產生各種創意的規則，以期保持他們本身或公司的活力。社會的發展很迅速，沒有任何創意的企業，很快就落後在潮流外。例如看看收音機或電視的情形。摩托羅拉公司最初以資本金約六〇〇美元起家，在二十五年間銷售額達每年二十億美元。該公司的總經理說：「我們仍然未充分的收集我們的思考的可能性」。該公司不是單純的接納創意，還將從各方面收到的創意轉授給領班或工廠長，也派他們到各地方學習其他公司採用的創意。

我們應不斷地將自己本身適應時代的進步，亦即應隨時包裝自己，使本身能夠一看就可以吸引別人。猶如美國的某製藥公司對二十個部門五千種的藥品實行嶄新構思的新包裝，使得不同製品能從包裝一看就可以分別出來。

美國一家頗具規模的人壽保險公司的總經理說：「保險公司固然須具備保險證書或其他保險事業必備的設備，但是只具備這些並不能成立，為了健全的發展需要上面所述以外的東西。首先應有創意和實行它的進取性環境。應具備創意是我們的傳統理念。本公司就是在創意的基礎下創立的。我們是在創意下健全地發展，將來能使公司穩如泰山，應該也是靠創意的。」

創意有使個人或企業年輕化的力量。有人稱此為「靠可喜事件的年輕化方法」。假如有人整天把自己關在老舊的房子。有一天突然在房屋外的花園發現金礦，有人諷刺說：「那個關在屋裡的人，一定會跳起來往外跑。」

你們也許常常碰到此類年輕化的狀況，有一天你遇到長久未見的人，他看起來充滿活力，好像對任何事情都很積極，此時你會感覺到他一定有什麼喜事。通常你的感受不會錯，他一定做成某種大事，而該大事對他的改變扮演了很重要的角色。

有一位著名的出版社的主持人說：「現代的年輕人想依照命令累積自己的經歷，但是看看所有成功者的生涯，他們的經歷都是自己構築的。」

3. 創意和長壽術

有一位銀髮族在八十多歲時說：「在一百歲時，只有自己認為已年老時才會老化。假如一個人只活在過去時，該人就成為無用之物。」又有人說：「我之所以優於別人並不是因為我過的生日此別人多。」

從這些人的看法知道，年輕的意義不在年齡的多少，要看一個人啟動活力的意願或態度而定。

有很多事實證明創意有使人年輕化的力量。雖然由於文明的進展，要做某些創造性工作，比以前更需要充分的準備。大部份的發現或創造性工作，要有產生的環境才能成就。所以目前需要年輕化的時期越來越在晚年才開始。

從紀錄看，過去一段時期，專家能完成優異業績的年齡層多在近三十歲到未滿四十歲。但是在目前的複雜的社會中，上述年齡層是剛完成準備，而即將開始有作為的年代。換言之，目前大家為充分準備所花的時間需要更長，一個人開始有成就的時期也有延後的趨勢。

無論如何，不要老化不能單憑活的久來解決。有很多書籍只介紹，注意健康來保持長壽的方法。假如一個人在累積更多的事績的意義上並無任何成長或建樹時，雖然保持了「長壽」，實際上與早死並無二致。

每天的生活中所想到的可能是無數的細小創意。這些創意對於拉長人的生命這種有趣的目標有很大的幫助。這些對想把自己的生涯年輕化的想法完全符合的。你對於一天或一小時這種時間，如何使其有意義有沒有妙法呢？首先應探討每天的意義。這是對生涯中想留下某種重大業績的人來說是很重要的事情。有時候，細小的事件可以累積成為大事業。

下面疑列舉拉長時間的若干原則。

①將任何事情重新編入預定表來執行

例如，某一天提早起床出去走一走。你會感覺那一天時間比較長。你可以調整自己的日課，晚間容易浪費在不重要的瑣事上，所以試將晚餐延後到七點或七點半。因此而多出的一個鐘頭或一個半鐘頭，既然天未黑就可以用在戶外的休閒娛樂。如此就不必埋怨無時間做休閒活動，黃昏是最能享受娛樂的時間。

②思考任何新鮮的事情

你只要瀏覽自己的書房或書店的書架，就能想出若干新的範疇，但是不要忘記這項新的思考應設法使其到達某一目標。此時必須以一個目的開始，雖然目的可能因時間而會改變或漠然化，但是仍比完全沒有目的要好。每週思考該週想做的新工作。不管是音樂、美術、娛樂、任何方面都可以，只要做新鮮的事，就有拉長時間的效果。

③只要每天不斷地湧出好的創意

假如你不相信的話，某一天不做任何事悠閒地過一下午。然後第二天，設法想想突出的事情。請比較這二個下午，應可以感覺到很大的差別。例如你可以決定在下午做編著一本書的計畫。開始工作後，下午就變為長而充實。

④每天的工作不要「如出一轍」應常常改變方法

你不必每天早晨經過同一條路程，也沒有必要以同一順序做工作。假如一直被不足道的工作所迫時，很難想出新鮮的事。

4. 燦爛的未來由自己主宰

未來，我們不去盼望也會來。

未來是由某些人所創造而投入現實世界的各種事情和東西所形成的，但是一旦創造了，不管它是小小的發明，它的影響會無限的擴大下去。

例如電腦的出現我們歡迎它。它是很優異的創意，它的影響立刻擴大，受影響的不止做統計、彙計數字的工作人員，企業的管理組織型態也受影響。到了電腦的記憶裝置以集體回路（ＩＣ）取代，加上通訊技術的進展後，企業的經營方式一舉被推向跨國經營。「地球村」從口號變為現實的世界。它的影響力正向我們的生活方式、教育方式等擴大中。

新創意的創造，其影響是無所不及的，並且可能在別的地方會發現因此所產生的新的波浪中心。假如受影響的人為了開闢新的將來由他們創造新的東西，這種狀況是否是一種值得歡迎的現象呢？有很多人完成了這類工作，但是也有不少的人並未做出任何事情。

今天創意的發展是以日新月異的速度在進行，電腦的出現不到半世紀，已把世界推進網路社會，知識整合時代。世界開始轉型為創新知識在驅動一切的時代。歐美的一流大學開始拆除大學院系和學科間的藩籬，人才、概念、思維和知識間已在自由交流，知識的發現，轉移應用將更靈活。

但是有更多的驚人的革命性的創意在實現，迫使我們每個人應擁有更多的創意。新的創意陸續推翻目前已生根的創意。也許我們可以稱此過程為：「由於創意所產生的再調整」。無論如何我們應設法適時發現對自己本身有助益的創意。

我們本身的未來是由自己去掌握呢？或委由他人強迫你去走？你的生涯中多少屬於自己的？多少屬於他人的？

有些人毅然地開拓自己的將來，並對本身以及其他的人帶來很大的影響，這種人才是歷史上常常被介紹的人物。他們因為變革了事物所以編造了歷史。他們不但變革了事物，同時也變革了眾人。以跟著領導者走為滿足的人，只能把領導者所示的將來，視為自己的將來。

很多人替你做出變革，為何你不自己做出變革呢？大家都應該為自己準備一些創意。雖然無法保證這些創意都能發揮效果，但是只要其中有一個成功，就可以改變你的將來。

只有創意才能確保你們的安定和成長。

當我們體會到可以變革將來時才能發現自己的將來。過去有一段時代人類被禁止「擁有」將來。但是今天為了戰勝生存競爭，人類不得不創造某些創意。亦即應造出某種事件。不能滿足於別人所給的將來。為了享受生活的樂趣，為了從生活產生利潤，應把編織生活的事件由自己主宰。

習得創造思考法的技術，就是成功的秘訣。

請各位試它，正確的用它，盼望由這些帶給各位豐碩的成果。

相信，創意有助個人贏得生涯的成就，促使企業在競爭時代贏得永遠成長之道，更可以把我們的世界改為新的世界。

祝你們的成功！

附錄

本書值得回憶的佳句

（註：每句後面的數字表示書中的頁次）

● 對腦力的投資比對物資的投資更有效率。〈6〉

● 為什麼把第三波文明時代稱為創意的競爭時代呢？因為社會的進步不再依恃赫赫有名的少數人的創意，是一般大眾也在參與創意的時代。〈7〉

● 企業或個人為適應社會狀況的激變，發揮創意成為唯一追求生存之道。〈8〉

● 創意是一切的原動力，以創意賺錢並非可恥的事情。〈9〉

● 創意可以實現自己的夢想，為社會大眾的福祉提供貢獻。〈9〉

● 創造力應該任何人都擁有的能力，其差別在是否被發揮而已。〈10〉

● 突出的創意隱藏著改造世界的力量。〈12〉

● 創造性的想法，對個人、企業或國家而言可以產生很寶貴的利益，是一種財產。〈14〉

● 創造性的想法並非難於得到的神秘東西。〈14〉

● 時代也好，企業也好，個人也好，不鼓勵創意者都會走向退化之路。〈14〉

● 我們的周圍，隨地有創意的素材，創造就是在這些既存的事物上產生。〈43〉

● 一位畫家提醒：「想畫就拿起筆馬上畫」，這一句話改變了他的觀念。〈48〉

● 創意猶如礦產等待有心人去探勘、採掘、提鍊才能成為產品。〈54〉

● 成功沒有捷徑，只在生活上的用心，對日常接觸的事物，要像個雷達敏銳搜尋和記錄各種細節，才能累積成源源不絕的創意。〈55〉

●觀察是開啟創造之門的鑰匙。〈55〉

●一個企業，是否鼓勵創造性思考是成功和失敗的分歧點。〈55〉

●一般人的心態也容易隨潮流的創意所吸引，同時這種創意既然在潮流中，也容易成功。〈62〉

●觀察力是人類最寶貴的財產，社會上到處存在著很多值得看的東西。〈69〉

●觀察是創意的開始，但是要經過不斷地思考才會有結果。〈76〉

●在創意的引線上，觀察和思考猶如車輛的兩輪，缺一就無法前進，兩者應互相交叉應用才能臻於完美。〈77〉

●創意的思考是連續性的，其伸展是無限的。〈78〉

●過去是一切的總計，以經驗展示於現在。但是有人就不從其中學到教訓。〈84〉

●過去不管你願不願意去利用它，它是永遠活著的。〈86〉

●在過去的事實和經驗中存在著很多有益的創意。〈86〉

●我們如果能對思考過去均出時間，對個人的成長和世界的進步都有不可或缺的重要意義。〈112〉

●成功的創意人是能克服橫在自己前面的障礙的人。〈159〉

●社會猶如擁抱任何事物的大海，有的東西會浮在上面，有的東西卻沈在深海裡。所以

你創造出來的事物應設法使它浮出，使它比其他事物更能引起大眾的注意。〈161〉

● 創意沒有什麼撇步，謹記二個字『用心』而已。〈170〉

● 有效的觀察是找出某一事物的特異性。〈176〉

● 創造是觀察，然後思考觀察所得之特性如何應用。如K.趙達說：「如果觀察得宜，就可以發現隱密的事實。」〈177〉

● 觀察並不具有什麼魔力，不過是單純的發現某一種事物而已。〈177〉

● 我們應養成親自目睹事物的習慣。〈179〉

● 創意的來源而言，也可以說，創意在你的「在意」和「不在意」之間。〈194〉

● 你對任何事象都很「在意」的話，創意應該垂手可汲。〈194〉

● 靈感在心情輕鬆時出現。〈253〉

● 最忙的人最有空閒的時間。〈254〉

● 積極的態度是唯一推動事情的力量。〈286〉

● 創意應在輕鬆而自然的情形下產生才是正道。〈299〉

● 世界由於創意和因創意帶來的事件不斷地在變革。〈312〉

● 使企業老舊化的東西不是時間，而是推動企業的創意的多寡。〈312〉

● 新的創意陸續推翻目前已生根的創意。也許我們可以稱此過程為：「由於創意所產生

的再調整」。〈318〉

● 很多人替你做出變革，為何你不自己做出變革呢？〈318〉

● 習得創造思考法的技術，就是成功的秘訣。〈319〉

國家圖書館出版品預行編目

贏在創意 / 邱慶雲著. -- 一版. -- 臺北市 :
秀威資訊科技, 2006 [民 95]
面 ; 公分. -- (社會科學類 ; PF0020)

ISBN 978-986-7080-79-0(平裝)

1.創意

176.4 95015365

社會科學類 PF0020

贏在創意

作　　者 / 邱慶雲
發 行 人 / 宋政坤
執行編輯 / 賴敬暉
圖文排版 / 郭雅雯
封面設計 / 羅季芬
數位轉譯 / 徐真玉　沈裕閔
圖書銷售 / 林怡君
網路服務 / 徐國晉
出版印製 / 秀威資訊科技股份有限公司
台北市內湖區瑞光路 583 巷 25 號 1 樓
電話：02-2657-9211　　傳真：02-2657-9106
E-mail：service@showwe.com.tw
經 銷 商 / 紅螞蟻圖書有限公司
台北市內湖區舊宗路二段 121 巷 28、32 號 4 樓
電話：02-2795-3656　　傳真：02-2795-4100
http://www.e-redant.com

2006 年 9 月 BOD 一版
2007 年 1 月 BOD 二版
定價：320 元

讀　者　回　函　卡

感謝您購買本書，為提升服務品質，煩請填寫以下問卷，收到您的寶貴意見後，我們會仔細收藏記錄並回贈紀念品，謝謝！

1.您購買的書名：____________________

2.您從何得知本書的消息？

☐網路書店　☐部落格　☐資料庫搜尋　☐書訊　☐電子報　☐書店

☐平面媒體　☐ 朋友推薦　☐網站推薦 ☐其他__________

3.您對本書的評價：(請填代號　1.非常滿意 2.滿意 3.尚可 4.再改進)

封面設計____　版面編排____　內容____　文/譯筆____　價格____

4.讀完書後您覺得：

☐很有收穫　☐有收穫　☐收穫不多　☐沒收穫

5.您會推薦本書給朋友嗎？

☐會　☐不會，為什麼？____________________

6.其他寶貴的意見：____________________

____

____

____

讀者基本資料

姓名：____________________ 年齡：______ 性別：☐女 ☐男

聯絡電話：________________ E-mail：____________________

地址：____

學歷：☐高中(含)以下　☐高中　☐專科學校　☐大學

☐研究所(含)以上 ☐其他______________

職業：☐製造業 ☐金融業 ☐資訊業 ☐軍警 ☐傳播業 ☐自由業

☐服務業 ☐公務員 ☐教職　☐學生 ☐其他__________

請貼
郵票

To：114

台北市內湖區瑞光路 583 巷 25 號 1 樓

秀威資訊科技股份有限公司　　　收

寄件人姓名：

寄件人地址：□□□

(請沿線對摺寄回,謝謝!)

秀威與 BOD

BOD（Books On Demand）是數位出版的大趨勢，秀威資訊率先運用 POD 數位印刷設備來生產書籍，並提供作者全程數位出版服務，致使書籍產銷零庫存，知識傳承不絕版，目前已開闢以下書系：

一、BOD 學術著作—專業論述的閱讀延伸
二、BOD 個人著作—分享生命的心路歷程
三、BOD 旅遊著作—個人深度旅遊文學創作
四、BOD 大陸學者—大陸專業學者學術出版
五、POD 獨家經銷—數位產製的代發行書籍